Rechtliche Aspekte der Präimplantationsdiagnostik

Frankfurter kriminalwissenschaftliche Studien

Bd./Vol. 94

PETER LANG
Frankfurt am Main · Berlin · Bern · Bruxelles · New York · Oxford · Wien

Marc Reiß

Rechtliche Aspekte der Präimplantations-diagnostik

Unter besonderer Berücksichtigung der Rechte der von einem Verbot betroffenen Paare

PETER LANG
Europäischer Verlag der Wissenschaften

Bibliografische Information Der Deutschen Bibliothek
Die Deutsche Bibliothek verzeichnet diese Publikation in der Deutschen Nationalbibliografie; detaillierte bibliografische Daten sind im Internet über <http://dnb.ddb.de> abrufbar.

Zugl.: Frankfurt (Main), Univ., Diss., 2005

D 30
ISSN 0170-6918
ISBN 3-631-55158-4

www.peterlang.de

Meiner verstorbenen Mutter und meinem Vater

Vorwort

Die Arbeit wurde im Wintersemester 2004/2005 der Juristischen Fakultät der Johann Wolfgang Goethe-Universität in Frankfurt am Main vorgelegt. Sie wurde im April 2004 abgeschlossen, seither erschienene Literatur wurde nicht mehr berücksichtigt.

Mein besonderer und herzlicher Dank gilt meinem verehrten Doktorvater, Herrn Professor Dr. Ulfrid Neumann, der meinen Entschluß zur Promotion bekräftigt hat und mir stets mit seinem wertvollen Rat ermutigend zur Seite stand. Herrn Professor Dr. Walter Kargl danke ich für die zügige Erstellung des Zweitgutachtens. Schließlich danke ich auch meiner Familie, insbesondere meinen Eltern und meinem Onkel, die das Entstehen der Arbeit in vielerlei Hinsicht unterstützt haben.

Inhaltsverzeichnis

Literaturverzeichnis

ALEXY, ROBERT:	Theorie der Grundrechte, 2. Aufl., Frankfurt a. M. 1994 Zitiert als: ALEXY, Grundrechte
DERS.:	„Grundrechte als subjektive Rechte und als objektive Normen“, Der Staat 1990, S. 49
ANTOINE, JÖRG:	„Der Zusammenhang zwischen Menschenwürde und Lebensschutz“, Zeitschrift für Lebensrecht (ZfL) 2001, S. 16
BADURA, PETER:	in: MAUNZ/DÜRIG, Grundgesetz: Kommentar Band 1, München, 37. Ergänzungslieferung, 2000 Zitiert als: BADURA, in: MAUNZ/DÜRIG
BAIER, HELMUT	„Unterlassenstrafbarkeit trotz fehlender Handlungs- oder Schuldfähigkeit – Zugleich ein Beitrag zur Rechtsfigur der omissio libera in causa“, Goltdammer's Archiv für Strafrecht (GA) 1999, S. 272
BECKMANN, RAINER:	„Rechtsfragen der Präimplantationsdiagnostik“, Medizinrecht (MedR) 2001, S. 169
DERS.:	„Wachsendes Lebensrecht? Erwiderung zu Dreier, ZRP 2002, 377“, Zeitschrift für Rechtspolitik (ZRP) 2003, S. 97
BEHRENDT, HANS- JOACHIM:	Affekt und Vorverschulden : eine Untersuchung zur strafrechtlichen Differenzierung von Struktur und Funktion menschlicher Selbststeuerung, Baden-Baden 1983 Zitiert als: BEHRENDT, Affekt
BEULKE, WERNER:	in: Strafrecht, allgemeiner Teil, Wessels, Johannes/ Beulke, Werner, 32. Aufl., Heidelberg 2002 Zitiert als: BEULKE, in: W/B

BÖCKENFÖRDE-WUNDERLICH, BARBARA:	Präimplantationsdiagnostik als Rechtsproblem, Tübingen 2002 Zitiert als: BÖCKENFÖRDE-WUNDERLICH, Rechtsproblem
CRAMER, PETER / STERNBERG-LIEBEN, DETLEV:	in: Strafgesetzbuch, Schönke/Schröder, 26. Auflage München 2001 Zitiert als: CRAMER / STERNBERG-LIEBEN, in: S/S
DÄUBLER-GMELIN, HERTA:	„Die Würde des Embryos ist unzweifelbar", Frankfurter Allgemeine Zeitung (FAZ) v. 22.05.2001, S. 1
DI FABIO, UDO	in: MAUNZ/DÜRIG, Grundgesetz: Kommentar Band 1, München, 39. Ergänzungslieferung, 2001 Zitiert als: DI FABIO, in: MAUNZ/DÜRIG
DJIE, SUSANNE:	Präimplantationsdiagnostik aus rechtlicher Sicht, Aachen 2001 Zitiert als: DJIE, PID aus rechtlicher Sicht
DREIER, HORST:	in: Grundgesetz, Kommentar, Bd. 1, Art. 1-19, Tübingen 1996 Zitiert als: DREIER, in: DERS.
DERS.:	Grundgesetz, Kommentar, Bd. 1, Art. 1-19, Tübingen 1996
DERS.:	„Stufungen des vorgeburtlichen Lebensschutzes", Zeitschrift für Rechtspolitik (ZRP) 2002, S. 377
DUTTGE, GUNNAR:	„Die Präimplantationsdiagnostik zwischen Skylla und Charybdis", Goltdammer's Archiv für Strafrecht (GA) 2002, S. 241
ESER, ALBIN:	in: Strafgesetzbuch, Schönke/Schröder, 26. Auflage München 2001 Zitiert als: ESER, in: S/S

FAßBENDER, KURT:	„Präimplantationsdiagnostik und Grundgesetz", Neue Juristische Wochenschrift (NJW) 2001, S. 2745
FROMMEL, MONIKA:	„Welchen Status hat ein Embryo in vitro?", Kritische Justiz (KJ) 2000, S. 341
DIES.:	„Embryonenselektion - ethische, verfassungsrechtliche und strafrechtliche Problematik", Reproduktionsmedizin 2002, S. 158
GIWER, ELISABETH:	Rechtsfragen der Präimplantationsdiagnostik, Berlin 2001 Zitiert als: GIWER, Rechtsfragen
HARDTUNG, BERNHARD	„Die „Rechtsfigur" der actio libera in causa beim strafbaren Führen eines Fahrzeugs und anderen Delikten: Möglichkeit und Grenzen der Bestrafung", Neue Zeitschrift für Verkehrsrecht (NZV) 1997, S. 97
HEPP, HERMANN:	„Präimplantationsdiagnostik in der Diskussion", Der Frauenarzt 2000, S. 831
HERDEGEN, MATTHIAS:	in: MAUNZ/DÜRIG, Grundgesetz: Kommentar Band 1, München, 42. Ergänzungslieferung, 2003 Zitiert als: HERDEGEN, in: MAUNZ/DÜRIG
DERS.:	„Die Menschenwürde im Fluß des bioethischen Diskurses", Juristen Zeitung (JZ) 2001, S. 773
HERZOG, FELIX	„Präimplantationsdiagnostik – im Zweifel für ein Verbot?", Zeitschrift für Rechtspolitik (ZRP) 2001, S. 393
HILGENDORF, ERIC:	„Ektogenese und Strafrecht", Medizinrecht (MedR) 1994, S. 429
HIRSCH, HANS JOACHIM	„Anmerkung zu BGH NStZ 97, 230", Neue Zeitschrift für Strafrecht (NStZ) 1997, S. 230

HÖFLING, WOLFRAM:	in: Grundgesetz, Kommentar, 3. Aufl., München 2003 Zitiert als: HÖFLING, in: SACHS
HÖRNLE, TATJANA:	„Präimplantationsdiagnostik als Eingriff in das Lebensrecht des Embryos?“, Goltdammer's Archiv für Strafrecht (GA) 2002, S. 659
HOERSTER, NORBERT:	Abtreibung im saekularen Staat, 2. Aufl., Frankfurt a.M 1995 Zitiert als: HOERSTER, Abtreibung
DERS.:	Ethik des Embryonenschutzes, Stuttgart 2002 Zitiert als: HOERSTER, Embryonenschutz
DERS.:	„Forum - Ein Lebensrecht für die menschliche Leibesfrucht“, Juristische Schulung (JuS) 1989, S. 172
HUFEN, FRIEDHELM:	„Präimplantationsdiagnostik aus verfassungsrechtlicher Sicht“, Medizinrecht (MedR) 2001, S. 440
IPSEN, JÖRN:	„Der "verfassungsrechtliche Status" des Embryo in vitro“, Juristen Zeitung (JZ) 2001, S. 989
DERS.:	Grundrechte (Staatsrecht 2), 5. Aufl., Neuwied 2002 Zitiert als: IPSEN, Staatsrecht
ISENSEE, JOSEF:	Handbuch des Staatsrechts der Bundesrepublik Deutschland, Band V, Isensee, Josef/ Kirchhof, Paul, Heidelberg 1992 Zitiert als: ISENSEE, in: DERS. / KIRCHHOF
ISENSEE, JOSEF / KIRCHHOF, PAUL:	Handbuch des Staatsrechts der Bundesrepublik Deutschland, Band V, Heidelberg 1992
JÄHNKE, BURKHARD	in: Strafgesetzbuch: Leipziger Kommentar, Jähnke, Burkhard (Hrsg.), 11. Auflage, Lfg. 10 (§§ 19-21), Berlin 1993 Zitiert als: JÄHNKE, in: LK

DERS.: Strafgesetzbuch: Leipziger Kommentar, 11. Auflage, Berlin 1993

JAKOBS, GÜNTHER: Strafrecht, Allgemeiner Teil, 2., neubearb. und erw. Aufl., Berlin 1993

DERS.: „Lebensschutz durch Pflichtberatung“, Schriftenreihe der Juristen-Vereinigung Lebensrecht e.V. (Bd. 17) 2000, S. 17

DERS.: „Rechtmäßige Abtreibung von Personen?“, Juristische Rundschau (JR) 2000, S. 407

JARASS, HANS D.: in: Grundgesetz für die Bundesrepublik Deutschland, Jarass, Hans D./Pieroth, Bodo, 6. Aufl., München 2002
Zitiert als: JARASS, in: J/P

DERS.: „Das allgemeine Persönlichkeitsrecht im Grundgesetz“, Neue Juristische Wochenschrift (NJW) 1989, S. 857

DERS. / PIEROTH, BODO: Grundgesetz für die Bundesrepublik Deutschland, 6. Aufl., München 2002

KATZ, ALFRED: Staatsrecht: Grundkurs im öffentlichen Recht, Heidelberg 2002
Zitiert als: KATZ, Staatsrecht

KELLER, ROLF / GÜNTHER, HANS-LUDWIG / KAISER, PETER: Embryonenschutzgesetz, Stuttgart, Berlin, Köln 1992
Zitiert als: KELLER / GÜNTHER / KAISER, ESchG

KLEIN, HANS HUGO: „Die grundrechtliche Schutzpflicht“, Deutsches Verwaltungsblatt (DVBl) 1994, S. 489

KOLLEK, REGINE: Präimplantationsdiagnostik, Tübingen 1999 Zitiert als: KOLLEK, Präimplantationsdiagnostik

KÜHL, KRISTIAN	Strafrecht, Allgemeiner Teil, München 2002 Zitiert als: KÜHL, AT
KUNIG, PHILIP:	„Der Grundsatz der informationellen Selbstbestimmung", Jura 1993, S. 595
DERS.:	in: Grundgesetz-Kommentar, Bd. 1 (Praeambel bis Art. 19), v. Münch, Ingo / Kunig, Philip, 5. Aufl., München 2000 Zitiert als: KUNIG, in: V. MÜNCH/DERS.
DERS. / VON MÜNCH, INGO :	Grundgesetz-Kommentar, Bd. 1 (Praeambel bis Art. 19), 5. Aufl., München 2000
LAGODNY, OTTO:	Strafrecht vor den Schranken der Grundrechte, Tübingen 1996 Zitiert als: LAGODNY, Schranken
LAUFS, ADOLF:	Arztrecht, 5. Aufl., München 2000 Zitiert als: LAUFS, Arztrecht
LENCKNER, THEODOR / PERRON, WALTER	in: Strafgesetzbuch, Schönke/Schröder, 26. Auflage München 2001 Zitiert als: LENCKNER / PERRON, in: S/S
LOOSE, ANDREA:	Strafrechtliche Grenzen ärztlicher Behandlung und Forschung, Berlin 2003 Zitiert als: LOOSE, ärztliche Behandlung
MANGOLDT, HERMANN / KLEIN, FRIEDRICH / STARCK, CHRISTIAN	Das Bonner Grundgesetz, Kommentar Bd. 1, 3. Aufl., München 1985
MAUNZ, THEODOR:	Deutsches Staatsrecht, München 1998 Zitiert als: MAUNZ, Staatsrecht
DERS. / DÜRIG, GÜNTHER:	Grundgesetz: Kommentar Band 1, München

MERKEL, REINHARD:	Forschungsobjekt Embryo, München 2002 Zitiert als: MERKEL, Forschungsobjekt Embryo
MINISTERIUM DER JUSTIZ RHEINLAND-PFALZ (HRSG.):	Bericht der Bioethik-Kommission des Landes Rheinland-Pfalz vom 20. Juni 1999, Alzey 1999 Zitiert als: Bericht der Bioethik-Kommission RLP
MURSWIEK, DIETRICH:	in: Grundgesetz, Kommentar, 3. Aufl., München 2003 Zitiert als: MURSWIEK, in: SACHS
NEIDERT, RUDOLF	„Das überschätzte Embryonenschutzgesetz – was es verbietet und nicht verbietet", Zeitschrift für Rechtspolitik (ZRP) 2002, S. 467
NETZER, CHRISTIAN:	„Führt uns die Präimplantationsdiagnostik Schiefe Ebene?", Ethik in der Medizin (EthikMed) 1998, S. 138
NEUMANN, ULFRID:	„Die ‚Würde des Menschen' in der Diskussion um Gentechnologie und Befruchtungstechnologien" in: Menschen- und Bürgerrechte, Klug,Ulrich / Kriele,Martin, Stuttgart 1988 Zitiert als: NEUMANN, in: KLUG/KRIELE
DERS.:	„Anmerkung zu BGH StV 97, 21", Strafverteidiger (StV) 1997, S. 23
DERS. / PUPPE, INGEBORG / SCHILD, WOLFGANG:	Nomos-Kommentar zum Strafgesetzbuch, Baden-Baden 2003
OSTERLOH, LERKE:	in: Grundgesetz, Kommentar, 3. Aufl., München 2003 Zitiert als: OSTERLOH, in: SACHS
PAEFFGEN, HANS-ULLRICH	in: Nomos-Kommentar zum Strafgesetzbuch Band V, Baden-Baden 2003, Stand: 2. Lfg. (31.1.1995)

PIEROTH, BODO / SCHLINK, BERNHARD:	Staatsrecht II, Grundrechte, Heidelberg 2002 Zitiert als: PIEROTH/SCHLINK, Staatsrecht
RATZEL, RUDOLF / HEINEMANN, NICOLA:	„Zulässigkeit der Präimplantationsdiagnostik nach Abschnitt D, IV Nr. 14 Satz 2 (Muster-)Berufsordnung - Änderungsbedarf?“, Medizinrecht (MedR) 97, S. 540
RAU, JOHANNES:	Rede v. 18.5.2001, abgedruckt in Frankfurter Allgemeine Zeitung (FAZ) v. 19.5.2001, S. 45
REIMER, FRANZ:	Verfassungsprinzipien: ein Normtyp im Grundgesetz, Freiburg 2000 Zitiert als: REIMER, Verfassungsprinzipien
RENZIKOWSKI, JOACHIM:	„Die strafrechtliche Beurteilung der Präimplantationsdiagnostik“, Neue Juristische Wochenschrift (NJW) 2001, S. 2753
ROBBERS, GERHARD:	Sicherheit als Menschenrecht: Aspekte der Geschichte, Begründung, und Wirkung einer Grundrechtsfunktion, Baden- Baden 1987 Zitiert als: ROBBERS, Sicherheit
RÖGER, RALF:	„Verfassungsrechtliche Grenzen der Präimplantationsdiagnostik“, Schriftenreihe der Juristen-Vereinigung Lebensrecht e.V. (Bd. 17) 2000, S. 55
ROXIN, CLAUS:	Strafrecht, Allgemeiner Teil, Band I, 3. Auflage, München 1993 Zitiert als: ROXIN, AT I
RUDOLPHI, HANS-JOACHIM:	in: Systematischer Kommentar zum Strafgesetzbuch, Band 1 Allgemeiner Teil, Rudolphi, Hans-Joachim/Horn, Eckhard /Samson, Erich/Günther, Hans-Ludwig, 7. Aufl., 1999 Neuwied Zitiert als: RUDOLPHI, in: SK
DERS. / HORN, ECKHARD / SAMSON, ERICH / GÜNTHER, HANS-LUDWIG:	Systematischer Kommentar zum Strafgesetzbuch, Band 1 Allgemeiner Teil, Neuwied

SACHS, MICHAEL: in: Grundgesetz, Kommentar, 3. Aufl., München 2003
Zitiert als: SACHS, in: DERS.

DERS.: Grundgesetz, Kommentar, 3. Aufl., München 2003

SACKSOFSKY, UTE: „Präimplantationsdiagnostik und Grundgesetz", Kritische Justiz (KJ) 2003, S. 273

SAMSON, ERICH: „Absicht und direkter Vorsatz im Strafrecht", Juristische Arbeitesblätter (JA) 1989, S. 449

SASS, HANS MARTIN: In: SASS, Medizin und Ethik, Stuttgart 1989
Zitiert als: SASS, in: DERS.

DERS.: SASS, Medizin und Ethik, Stuttgart 1989

SCHIRMER, GÜNTER: Status und Schutz des frühen Embryos bei der In-vitro-Fertilisation, Frankfurt a.M. 1987
Zitiert als: SCHIRMER, Status

SCHLINK, BERNHARD: „Das Recht der Informationellen Selbstbestimmung", Der Staat 1986, S. 233

SCHMIDT-BLEIBTREU, BRUNO / KLEIN, FRANZ: Kommentar zum Grundgesetz, 9. Aufl., Neuwied 1999
Zitiert als: SCHMIDT-BLEIBTREU/KLEIN, GG

SCHMITT-KAMMLER, ARNULF: in: Grundgesetz, Kommentar, 3. Aufl., München 2003
Zitiert als: SCHMITT-KAMMLER, in: SACHS

SCHNEIDER, SUSANNE: Rechtliche Aspekte der Präimplantations- und Präfertilisationsdiagnostik, Frankfurt a.M. 2002
Zitiert als: SCHNEIDER, Aspekte

SCHÖNKE, ADOLF / SCHRÖDER, HORST: Strafgesetzbuch, 26. Auflage München 2001

SCHROEDER-KURTH, TRAUDE: „Auf ein Wort: Präimplantationsdiagnostik", Zeitschrift für medizinische Ethik 2000, S. 123

SCHROTH, ULRICH: „Forschung mit embryonalen Stammzellen und Präimplantationsdiagnostik im Lichte des Rechts", Juristen Zeitung (JZ) 2002, S. 170

SENDLER, HORST: „Menschenwürde, PID und Schwangerschaftsabbruch", Neue Juristische Wochenschrift (NJW) 2001, S. 2148

SIMITS, SPIROS: „Die informationelle Selbstbestimmung - Grundbedingung einer verfassungskonformen Informationsordnung", Neue Juristische Wochenschrift (NJW) 1984, S. 398

SINGER, PETER: Praktische Ethik, Stuttgart 1992
Zitiert als: SINGER, Praktische Ethik

DERS.: „Schwangerschaftsabbruch und ethische Güterabwägung"
in: Medizin und Ethik, Sass, Hans-Martin, Stuttgart 1989
Zitiert als: SINGER., in: SASS

SPAEMANN, ROBERT: „Gezeugt, nicht gemacht. Die verbrauchende Embryonenforschung ist ein Anschlag auf die Menschenwürde."
in: Biopolitik - Die Positionen, Christian Geyer (Hrsg.), Frankfurt a.M. 2001
Zitiert als: SPAEMANN, in: GEYER

SPRANGER, TADE MATTHIAS: „Verfassungsrechtliche Aspekte der Präimplantationsdiagnostik", Sozialrecht in Deutschland und Europa (ZFSH/SGB, Vorg.: Zeitschrift für Sozialhilfe und Sozialgesetzbuch) 2001, S. 266 (271)

STARCK, CHRISTIAN: in: Das Bonner Grundgesetz, Kommentar Bd. 1, Mangoldt, Hermann/Klein, Friedrich/Starck, Christian, 3. Aufl. München 1985
Zitiert als: STARCK, in: MKS

DERS.: „Rezension von GIWER, "Rechtsfragen der Präimplantations-diagnostik" und SCHNEIDER, "Rechtliche Aspekte der Präimplantations- und Präfertilisationsdiagnostik"", Juristen Zeitung (JZ) 2002, S. 1095

STREE, WALTER: in: Strafgesetzbuch, Schönke/Schröder, 26. Auflage München 2001 Zitiert als: STREE, in: S/S

STRUENSEE, EBERHARD: „Handeln und Unterlassen, Begehungs- und Unterlassungsdelikt"
in: Beiträge zur Rechtswissenschaft: Festschrift für Walter Stree und Johannes Wessels zum 70. Geburtstag, Heidelberg 1993
Zitiert als: STRUENSEE, in: Stree/Wessels-FS

STUMPER, KAI: Informationelle Selbstbestimmung und DNA-Analysen, Frankfurt am Main 1996
Zitiert als: STUMPER, DNA- Analyse

TERWIESCHE, MICHAEL: Die Begrenzung der Grundrechte durch objektives Verfassungsrecht
Zitiert als: TERWIESCHE, objektives Verfassungsrecht

UNRUH, PETER: Zur Dogmatik der grundrechtlichen Schutzpflichten, Berlin 1996
Zitiert als: UNRUH, Schutzpflichten

VON DER PFORDTEN, DIETMAR: „Gibt es Argumente für ein Lebensrecht des Nasciturus", Archiv für Rechts- und Sozialphilosophie (ARSP) 1990, S. 69

GRAF VITZTHUM, WOLFGANG: „Gentechnologie und Menschenwürdeargument"
in: Menschen- und Bürgerrechte, S. 119, Klug,Ulrich / Kriele,Martin, Stuttgart 1988
Zitiert als: VITZTHUM, in: KLUG/KRIELE

WESSELS, JOHANNES / BEULKE, WERNER: Strafrecht, Allgemeiner Teil, Wessels, Johannes/ Beulke, Werner, 32. Aufl., Heidelberg 2002

WOOPEN, CHRISTIANE: „Präimplantationsdiagnostik und selektiver Schwangerschaftsabbruch“, Zeitschrift für medizinische Ethik 1999, S. 233

1. Teil: Einführung

Bei einer Thematik, welche einen so fundamentalen Lebensbereich betrifft wie den bei der Präimplantationsdiagnostik (PID), nämlich den Umgang mit Leben und dessen Entstehung, und die so grundlegende verfassungsrechtliche Probleme aufwirft, bedarf es einer um so genaueren und möglichst ideologiefreien Diskussion.

Mit der PID haben sich gutachtlich bereits mehrere juristische Arbeiten auseinandergesetzt und dabei verschiedene Schwerpunkte gebildet. Auffällig an diesen Gutachten ist die Gemeinsamkeit, daß die rechtliche Lage jeweils aus Sicht des Embryos dargestellt wurde, und mithin nicht die Frage nach der Erlaubtheit der PID betrachtet wurde, sondern vielmehr nach dem Verbot derselben. Die vorliegende Arbeit soll ein Ansatz in erstere Richtung sein, und wird folglich eine Bewertung primär aus der Sicht betroffener Paare vornehmen.

Dabei ist zunächst die Beurteilung der gegenwärtigen Rechtslage unabdingbar, sowohl aus einfachgesetzlicher, als auch aus verfassungsrechtlicher Sicht, bevor ein Ausblick auf eine zukünftige Regelung der PID gegeben werden kann. Besonderes Augenmerk soll hierbei auf einer deutlichen Trennung von Argumenten de lege lata und de lege ferenda liegen, da sich in der aktuellen Diskussion eine Vermischung beider Ansätze abzuzeichnen scheint.

2. Teil: Was ist PID?

A. Überblick

Bei der PID handelt es sich um ein Verfahren, welches bei der künstlichen Befruchtung, der sog. In-Vitro-Fertilisation (IVF), eingesetzt wird, wobei bereits befruchtete Eizellen in vitro einer vor der Einpflanzung in den Mutterleib stattfindenden genetischen Untersuchung unterzogen werden[1].

Hierbei gibt es drei mögliche Vorgehensweisen[2]:
Bei der sogenannten Blastomerenentnahme werden ca. drei Tage nach der Befruchtung, also im Sechs- bis Zehnzellerstadium, ein bis zwei Zellen zur anschließenden Diagnose entnommen[3]. Diese sind noch totipotent. Unter Totipotenz versteht man die Fähigkeit der Zelle, sich bei Vorliegen der dafür erforderlichen weiteren Voraussetzungen zu teilen und zu einem Individuum zu entwickeln[4].

Bei der Blastozystenbiopsie wird die gleiche Anzahl Zellen entnommen, jedoch zu einem späteren Zeitpunkt, etwa fünf bis sechs Tage nach der Befruchtung. Die entnommenen Zellen sind nicht mehr totipotent, allerdings ist aufgrund der Größe der Zellen eine Zerstörung des Embryos durch die Entnahme wahrscheinlicher[5].

Daneben gibt es noch das Verfahren der Polkörperdiagnostik, bei dem die Polkörper, welche eine Hälfte des mütterlichen Erbgutes enthalten, noch vor Verschmelzung von Ei- und Samenzelle entnommen und untersucht werden, was die Untersuchung auf die mütterlichen Erbanlagen beschränkt[6].

B. Anwendungsmöglichkeiten der PID

Trotz unterschiedlicher Motive für eine solche Untersuchung lassen sich doch einige typische Anwendungsmöglichkeiten aufzählen:

I. PID zur Erhöhung der Erfolgsaussichten bei der IVF

Einerseits wird die PID durchgeführt, um die Erfolgsaussichten der künstlichen Befruchtung zu erhöhen, d.h. solche Embryonen einzupflanzen, welche aufgrund Ihres Zustandes einen „normalen“ Schwangerschaftsablauf vermuten lassen (und

---

[1] KOLLEK, Präimplantationsdiagnostik, S. 13 ff.
[2] vgl. hierzu die ausführlichere Darstellung bei: SACKSOFSKY, KJ 03, 273 (273) m.w.N.
[3] SACKSOFSKY, a.a.O. (Fn. 2)
[4] BEIER, EthikMed 99, S. 23 (28) (m.w.N.)
[5] SACKSOFSKY, a.a.O. (Fn. 2)
[6] KOLLEK, Präimplantationsdiagnostik, S. 31 f.; SACKSOFSKY, a.a.O. (Fn. 2)

im Gegenzug solche auszuschließen, welche eine Nidation und ungestörte Entwicklung des Embryos nicht erwarten lassen)[7].
Dies ist z.B. der Fall, wenn aufgrund einer entsprechenden genetischen Disposition der Eltern zu erwarten ist, daß der Embryo in späteren Stadien nicht lebensfähig sein wird[8].

II. PID bei Vorliegen einer schweren Erbkrankheit oder eines genetischen Defekts

Weiterhin kann die PID zur Anwendung kommen, um solche Embryonen zu ermitteln, welche einen genetischen Defekt in der Art einer zu erwartenden schweren Behinderung, einer Erbkrankheit mit tödlichem Verlauf oder auch der Anlage zu einer entsprechenden Krankheit aufweisen[9].

III. PID zur gezielten Auswahl eines bestimmten genetischen Merkmals

Daneben wurde die PID im Ausland bereits angewandt, um solche Embryonen auszuwählen, welche, ohne selbst erkrankt zu sein, eine bestimmte Anlage trugen, etwa bei dem Kind eines Elternpaares, dessen erstgeborenes einen Rückenmarksspender benötigte, der die nötige immunologischen Merkmale aufwies[10].

C. Grundlegendes Potential der PID

Anhand der genannten Beispiele ist zu erkennen, daß die Grenzen des faktisch machbaren Anwendungsbereichs der PID letztlich nur durch die bestehenden gendiagnostischen Möglichkeiten bestimmt werden. So kann sich theoretisch jede zur Schwangerschaft fähige Frau einer IVF unterziehen, und die einzupflanzenden Embryonen könnten nach beliebigen Kriterien ausgewählt werden.

---

[7] KOLLEK, Präimplantationsdiagnostik, S. 94 ff.
[8] KOLLEK, Präimplantationsdiagnostik, S. 99
[9] KOLLEK, Präimplantationsdiagnostik, S. 76 ff.
[10] Die ZEIT Nr. 13 v. 21.3.02, S. 32

3. Teil: PID de lege lata: Gegenwärtige Rechtslage

A. Rechtliche Zulässigkeit der PID nach einfachgesetzlichen Regelungen

Hierbei kommen zunächst Verstöße gegen das ESchG in Betracht, einerseits für totipotente Zellen, andererseits für nicht totipotente Zellen.

I. Totipotenz

In § 8 I ESchG findet sich in der Legaldefinition des Begriffs „Embryo" der Hinweis, daß hierunter „jede dem Embryo entnommene totipotente Zelle zu fassen sei, die sich bei Vorliegen der dafür erforderlichen weiteren Voraussetzungen zu teilen und zu einem Individuum zu entwickeln vermag". Diese Formulierung ist insofern eine Tautologie, als totipotent auch nach Sinn des ESchG eine Zelle ist, welche sich zu teilen und zu einem Individuum zu entwickeln vermag[11].
In welchem Zeitpunkt der Zellteilung welche Zelle noch totipotent ist, kann mitunter nicht einheitlich bestimmt werden[12].

II. PID an totipotenten Zellen

Bei Durchführung der PID an totipotenten Zellen kommen mehrere Verstöße in Betracht.

1. Verstoß gegen § 2 I ESchG

Gem. § 2 I 4. Alt ESchG ist es strafbar, einen menschlichen Embryo zu einem anderen als seiner Erhaltung dienenden Zweck zu verwenden.
Bei der Durchführung der Biopsie im Rahmen der PID wird die untersuchte Zelle zerstört. Daher liegt ein Verstoß gegen § 2 I 4. Alt. ESchG vor[13].

2. Verstoß gegen § 6 ESchG

Weiterhin könnte ein Verstoß gegen § 6 I ESchG vorliegen, wenn durch die PID bewirkt werden würde, daß ein menschlicher Embryo mit gleicher Erbinformation wie ein anderer Embryo entsteht. Dies ist bei der Entnahme der totipotenten Zelle der Fall. Es liegt also auch ein Verstoß gegen § 6 I ESchG vor[14].

---

[11] KELLER/GÜNTHER/KAISER, ESchG, § 8, Rn. 3 ff. und A II Rn. 32 f.
[12] vgl. BÖCKENFÖRDE-WUNDERLICH, Rechtsproblem, S. 25 f.; GIWER, Rechtsfragen, S. 34 f.; KOLLEK, Präimplantationsdiagnostik, S. 70; SCHNEIDER, Aspekte, S. 50
[13] unbestritten, vgl. statt aller: SCHNEIDER, Aspekte, S. 51 (m.w.N.)
[14] unbestritten, vgl. statt aller: SCHNEIDER, Aspekte, S. 51 (m.w.N.)

III. PID an nicht totipotenten Zellen

Möglicherweise könnte auch bei der PID an nicht totipotenten Zellen ein Verstoß gegen das ESchG vorliegen.

1. Verstoß gegen § 1 I Nr. 2 ESchG

Strafbar nach § 1 I Nr. 2 ESchG ist, wer es unternimmt, eine Eizelle zu einem anderen Zweck künstlich zu befruchten, als eine Schwangerschaft der Frau herbeizuführen, von der die Eizelle stammt.

a. Die Absicht bei § 1 I Nr. 2 ESchG

Fraglich ist, wie die Formulierung „zu einem anderen Zweck" strafrechtlich auszulegen ist. Hierzu werden grundsätzlich zwei Meinungen vertreten:

(1) Erste Auslegungsvariante: Umkehrschluß aus § 1 I Nr. 2 ESchG

Nach einer Auffassung ergibt sich die Strafbarkeit nach § 1 I Nr. 2 ESchG aus dem Umkehrschluß des Wortlauts dieses Paragraphen, so daß nur der derjenige straffrei handelt, der mit der Absicht vorgehe, eine Schwangerschaft der Frau herbeizuführen, von der die Eizelle stamme; liege eine solche Absicht nicht vor, sei Strafbarkeit gegeben[15].
Unter Absicht im Sinne eines dolus directus 1. Grades versteht man das zielgerichtete Wollen der Verwirklichung der objektiven Tatbestandsmerkmale[16].
Dann stellt sich die Frage, ob bei einem die PID durchführenden Arzt eine solche Absicht vorliegt. Dies ist strittig:

(2) Zeitpunkt des Vorliegens der tatbestandsausschließenden Absicht

Es wird vertreten, daß eine solche Absicht bei Vornahme einer PID zum Zeitpunkt der Befruchtung noch nicht vorliege, da der Arzt erst später entscheide, ob er eine Schwangerschaft herbeiführen wolle oder nicht[17]. Dann wäre der Tatbestand von § 1 I Nr. 2 ESchG erfüllt.

(3) Absicht und Abhängigkeit des Handelns von einer objektiven Bedingung

Dagegen wird einerseits eingewandt, daß eine solche Auffassung einen gedanklich einheitlichen Handlungsvorgang künstlich unterteile[18].

---

[15] SCHNEIDER, Aspekte, S. 56; RENZIKOWSKI, NJW 01, 2753 (2755); SCHROTH, JZ 02, S. 170 (172 f.)
[16] statt vieler CRAMER/STERNBERG-LIEBEN, in: S/S § 15 Rn. 65
[17] BECKMANN, MedR, 01, S. 169 (170)
[18] SCHNEIDER, Aspekte, S. 54

Andererseits lasse diese Ansicht außer acht, daß beim strafrechtlichen Absichtsbegriff des allgemeinen Teils die Absicht nicht allein deswegen auszuschließen sei, weil der Täter sein Handeln von einer objektiven Bedingung abhängig mache - in Anlehnung an die Versuchsdogmatik sei daher das Vorliegen der Absicht zu prüfen[19].
Macht ein Täter die Ausführung einer Tat nur vom Vorliegen einer objektiven Bedingung abhängig, ist ansonsten jedoch zur Tatausführung entschlossen, so ist nach einhelliger Auffassung in Literatur und Rechtsprechung der Tatentschluß nicht ausgeschlossen[20]. Der Tatentschluß als subjektiver Bestandteil des Versuchs steht dem Vorsatzbegriff gleich, folglich sind objektive Bedingungen nicht absichtsfeindlich[21].
Hierfür wird z.B. der Fall angeführt, in dem ein verlassener Ehemann seine Frau aufsucht, um sie zu bitten, zu ihm zurückzukehren, und ihr droht, sofern sie diese Bitte abschlägt, sie zu töten[22]. Die Tötungsabsicht steht hier unter der objektiven Bedingung, daß die Frau die Bitte abschlägt.

Auf die PID angewandt bedeute dies, daß auch bei Abhängigmachen der Verpflanzung von bestimmten genetischen Merkmalen die Absicht zur Herbeiführung der Schwangerschaft der Frau, von der die Eizelle stamme, beim Arzt vorliege, Strafbarkeit wäre dann nicht gegeben[23].

(4) Stellungnahme zur zeitlichen Trennung

Die Auffassung, nach der eine Absicht zur Herbeiführung der Schwangerschaft bei Befruchtung der Eizelle noch nicht gegeben sei, vermag nicht zu überzeugen. Wie sich aus der Vorsatzdogmatik des allgemeinen Teils ergibt, liegt der Schwerpunkt beim dolus directus 1. Grades auf dem voluntativen Element des Vorsatzes[24], weshalb auch mehrere unterschiedliche Motive nebeneinander vorliegen können. Wie auch beim Versuch ist das Eintreten oder Nichteintreten objektiver Gegebenheiten, etwa des Erfolgseintritts, für das Vorliegen des Vorsatzes irrelevant, egal ob dieser be- oder entlastend wirkt, und führt auch nicht zu einer Zäsur des Geschehensablaufs[25].
Das Anknüpfen an eine objektive Bedingung läßt die Absicht zur Herbeiführung daher nicht entfallen, die Strafbarkeit gem. § 1 I Nr. 2 ESchG wäre nicht gegeben.

---

[19] SCHROTH, JZ 02, S. 170 (174); SCHNEIDER, Aspekte, S. 55
[20] vgl. ESER, in: S/S § 22 Rn. 18 f.; RUDOLPHI, in: SK, § 22 Rn. 5; SCHROTH, JZ 02, S. 170 (174); BGHR-St § 22 Ansetzen 25 Eser II 90; BGHSt 21, 17
[21] RUDOLPHI, in: SK, § 22 Rn. 1
[22] ESER, in: S/S § 22 Rn. 12 f.; RUDOLPHI, in: SK, § 22 Rn. 5, Beispiel nach: BGHSt 21, 17
[23] SCHROTH, a.a.O. (Fn. 19); SCHNEIDER, a.a.O. (Fn. 19)
[24] CRAMER/STERNBERG-LIEBEN, in: S/S § 15 Rn. 66; RUDOLPHI, in: SK, § 15 Rn. 36; BEULKE, in: W/B Rn. 66; SAMSON, JA 89, 449 (450)
[25] so auch: SCHROTH, a.a.O. (Fn. 19); SCHNEIDER, Aspekte, S. 54 f.; ROXIN, AT I, § 12 Rn. 11

ii. Zweite Auslegungsvariante: Handeln mit irgendeiner anderen Absicht

Nach anderer Auffassung soll es für die Verwirklichung des (subjektiven) Tatbestandes notwendig sein, daß der Täter mit irgendeiner anderen Absicht handelt als der der Herbeiführung der Schwangerschaft[26]. Als solche Zwecke kämen z.B. verbrauchende Forschung am Embryo nach der Befruchtung oder Implantation des Embryos bei einer anderen als der Mutter in Frage. Folglich fordert diese Ansicht eine Ausschließlichkeit des Zwecks zur Herbeiführung der Schwangerschaft. Jede daneben bestehende Absicht führt zur Strafbarkeit. Das Vorliegen einer solchen ist zu prüfen.

(1) Art des vorliegenden Vorsatzes bei der PID

Dann müßte eine Absicht im Sinne von dolus directus 1. Grades gegeben sein.

(a) Kein Vorsatz

Es wird vertreten, daß es sich bei dem Vorhaben zur Verwerfung lediglich um eine objektive Bedingung handele, von der die Tatausführung abhängig gemacht werde, ein Vorsatz in Form des dolus directus 1. Grades sei jedoch ausgeschlossen[27].

(b) Bedingter Vorsatz, dolus eventualis

Nach anderer Ansicht hofft der handelnde Arzt bei der PID auf einen positiven Ausgang, bei dem alle Embryonen verpflanzt werden[28]. Es könnte also dolus eventualis, bedingter Vorsatz vorliegen.

(c) Absicht, dolus directus 1. Grades

Daneben wird vertreten, daß im Falle der PID als eine „andere Absicht" das Vorhaben zur Verwerfung des Embryos anzusehen sei, abhängig vom Vorliegen bestimmter genetischer Merkmale[29].

(d) Stellungnahme zum Vorliegen der Absicht

Die Ansicht, nach der wegen der objektiven Bedingung gar keine andere Absicht vorliege, verkennt, daß beim Handeln in Abhängigkeit vom Eintritt einer objektiven Bedingung auch andere, strafrechtlich relevante Absichten parallel vorliegen können.

---

[26] BÖCKENFÖRDE-WUNDERLICH, Rechtsproblem, S. 129; KOLLEK, Präimplantationsdiagnostik, S. 198

[27] SCHROTH, a.a.O. (Fn. 19); SCHNEIDER, Aspekte, S. 56

[28] so wohl: BÖCKENFÖRDE-WUNDERLICH, Rechtsproblem, S. 122 f., jedoch ohne die vorliegende Vorsatzform zu bennen; RATZEL/HEINEMANN, MedR 97, 540 (542)

[29] KOLLEK, Präimplantationsdiagnostik, S. 192; RENZIKOWSKI, NJW 01, 2753 (2756)

Auf das Beispiel mit der Tötung der Ehefrau angewandt bedeutet dies, daß der zur Tat Entschlossene ebenso dazu entschlossen ist, die Frau nicht zu töten, wenn sie zu ihm zurückkehrt. Wenn nämlich das Vorliegen der Absicht zur Tötung im umgekehrten Fall nicht durch die objektive Bedingung entfällt, kann nichts anderes für die „Reserve"- Absicht zur Nichtausführung der Tat gelten, die ja ebenfalls unter einer objektiven Bedingung steht.

Beim die PID durchführenden Arzt dolus eventualis anzunehmen, überzeugt ebenfalls nicht. Zwar kann man bezüglich des Verwerfens des Embryos durchaus annehmen, daß der Arzt auf einen positiven Ausgang, sprich auf keine Verwerfung des Embryos, hofft und hier auch bedingter Vorsatz vorliegt.
Hingegen handelt der Arzt mit Absicht im strafrechtlichen Sinn bezüglich der Vornahme des Tests. Dieser dient in keinem Fall der Einpflanzung des Embryos, auch wenn der Embryo unabhängig vom Testergebnis verpflanzt würde.

(2) Zusammenfassung zur 2. Auslegungsvariante

Wenn man für das Vorliegen der Strafbarkeit jede andere Absicht neben der in § 1 I Nr. 2 ESchG geforderten genügen läßt, ist diese „Reserve"- Absicht bei der PID (anders als im oben genannten Beispiel) erheblich, ein anderer Zweck liegt neben der in der Vorschrift geforderten vor, eine Strafbarkeit gem. § 1 I Nr. 2 ESchG wäre zu bejahen.

iii. Abwägung zu den Auslegungsvarianten

Gegen eine Ausschließlichkeit der Absicht wird vorgebracht, daß sie über den möglichen Wortsinn der Vorschrift hinausgehe, worin eine unzulässige Analogie zu Ungunsten des Täters zu sehen sei, mithin ein Verstoß gegen Art. 103 II GG[30].

Noch einmal zur Verdeutlichung der Wortlaut von § 1 I Nr. 2 ESchG:

„Mit Freiheitsstrafe bis zu drei Jahren oder mit Geldstrafe wird bestraft, wer es unternimmt, eine Eizelle zu einem anderen Zweck künstlich zu befruchten, als eine Schwangerschaft der Frau herbeizuführen, von der die Eizelle stammt."

Die dargelegte Ansicht verkennt, daß die Formulierung von § 1 I Nr. 2 ESchG eine *andere* Auslegung, als die Ausschließlichkeit der Absicht nach dem Wortsinn nicht zuläßt[31].
Die Besonderheit der Formulierung von § 1 I Nr. 2 ESchG ist gerade, daß sie bei Verfolgung eines *falschen* Zwecks die Handlung rechts*widrig* macht, anstatt, wie es folgende Formulierung tut, die Verfolgung eines *richtigen* Zwecks recht*mäßig*[32]:

---

[30] DUTTGE, GA 02, 241 (248); SCHNEIDER, a.a.O. (Fn. 27)
[31] vgl. MERKEL, Forschungsobjekt Embryo, S. 25 in Fn. 20
[32] MERKEL, a.a.O. (Fn. 31)

„Mit Freiheitsstrafe bis zu drei Jahren oder mit Geldstrafe wird bestraft, wer es unternimmt, eine Eizelle künstlich zu befruchten. Nicht strafbar handelt, wer die Eizelle zu dem Zweck befruchtet, eine Schwangerschaft der Frau herbeizuführen, von der die Eizelle stammt."

Folglich handelt es sich bei jener Auslegung, welche über einen Umkehrschluß die Strafbarkeit dann entfallen lassen will, wenn eine Absicht zur Verpflanzung gegeben ist, um eine Überstrapazierung des Wortsinns, und nicht umgekehrt.

Dennoch liefert diese Auffassung einen wichtigen Einwand: Legt man nämlich § 1 I Nr. 2 ESchG getreu seinem Wortlaut aus, so stellt sich die Frage, ob der dadurch erreichte Umfang an Strafbarkeit vom Gesetzgeber überhaupt intendiert war. Zur genaueren Klärung dieser Frage soll nun der Schutzzweck von § 1 I Nr. 2 ESchG näher untersucht werden.

(1) Erwägungen zum Schutzzweck

Hierbei lassen sich zwei grundlegende Positionen erkennen.

(a) Gewährleistung der Einpflanzung eines jeden Embryos

Nach einer Meinung ist es Zweck von § 1 I Nr. 2 ESchG, daß jeder erzeugte Embryo der Frau einzupflanzen sei, von der die Eizelle stammt[33].

(b) Verhinderung von gespaltener Mutterschaft und Instrumentalisierung

Nach anderer Auffassung solle durch § 1 I Nr. 2 ESchG lediglich die gespaltene Mutterschaft, sowie die Instrumentalisierung von Embryonen in Form der *verbrauchenden* Forschung verhindert werden[34].

(c) Stellungnahme zum Schutzzweck

Folgt man der weiten Auslegung, nach der jeder Embryo einzupflanzen sei, würde sich auch die Frage stellen, warum nicht auch jede andere Verwerfung eines Embryos bei der künstlichen Befruchtung zu bestrafen sei, etwa wenn eine Zygote verworfen wird, weil sie sich nicht mehr teilt, bevor es zur Verpflanzung kommt[35], oder aber wenn die Patientin vor der Verpflanzung ihre Einwilligung in den Eingriff entzieht[36].

---

[33] KOLLEK, Präimplantationsdiagnostik, S. 192 f.; RENZIKOWSKI, NJW 01, S. 2753 (2756)

[34] DUTTGE, GA 02, 241 (247); GIWER, Rechtsfragen, S. 37 unter Bezug auf: Begründung zum Gesetzesentwurf der Bundesregierung zum ESchG, BTDrucks. 11/5460, S.8; SCHNEIDER, Aspekte, S. 59

[35] BÖCKENFÖRDE-WUNDERLICH, Rechtsproblem, S. 124; KOLLEK, Präimplantationsdiagnostik, S. 192

[36] BÖCKENFÖRDE-WUNDERLICH, a.a.O., (Fn. 35); SCHNEIDER, Aspekte, S. 59 f.

Bei erstgenanntem Beispiel könnte man noch argumentieren, daß eine sich nicht mehr teilende Zygote ohnehin nicht mehr in der Lage ist, sich zu entwickeln, auch wenn man sie verpflanzt[37]. Dies trifft jedoch nicht auf das zweite Beispiel zu, dennoch würde niemand ernsthaft eine Strafbarkeit des Arztes erwägen, weil er aufgrund mangelnder Einwilligung der Patientin den Eingriff unterläßt[38]. Allerdings stehen in dieser Konstellation auch Rechte der Patientin vor Eingriffen in ihre körperliche Unversehrtheit einer möglicherweise gegebenen Handlungspflicht des Arztes entgegen.

Jedoch ergäbe sich bereits aus dem ansonsten auftretenden Wertungswiderspruch im Umfang des Schutzes von Embryonen in vivo und in vitro, wie sich z.B. im Fall des Einsatzes von Nidationshemmern zeigt, was nach § 218 StGB nicht strafbar ist, daß es nicht Aufgabe von § 1 I Nr. 2 ESchG sein könne, die Lebensgerichtetheit aller Handlungen am Embryo zu gewährleisten[39].
Dabei wird ebenfalls eine befruchtete Eizelle verworfen, und zwar straflos, wobei nicht ersichtlich ist, warum diese (innerhalb der ersten vierzehn Tage nach der Befruchtung) weniger schützenswert ist als eine in vivo.
Man könnte zwar argumentieren, daß letztere aufgrund Ihres „Standortes" besser vor Zugriffen geschützt ist und damit einen weniger umfassenden Schutz rechtfertigt. Doch ist zu bedenken, daß der Gesetzgeber mit § 218 I StGB ausdrücklich dort, wo sich Möglichkeiten eines Zugriffs vor Einnistung bieten (z.B. durch Nidationshemmer), keine Strafbarkeit vorsieht, geschweige denn deren Einsatz verbietet – weder die sog. „Pille danach" noch das Intrauterinpessar sind gesetzlich verboten[40].
Auch deswegen erscheint eine Auslegung, welche die Verpflanzung aller erzeugten Embryonen vorsieht, als zu weitreichend.
Darüber hinaus erscheint es fraglich, ob der Gesetzgeber überhaupt einen so weiten Geltungsbereich der Vorschrift beabsichtigt hatte[41].

Der Auffassung, welche eine unbedingte Verpflanzung aller Embryonen als Schutzzweck vorsieht, ist daher nicht zuzustimmen.

(2) Schutzzweck und Wortlaut

Stellt man nun den ermittelten Schutzzweck und den Wortgehalt von § 1 I Nr. 2 ESchG gegenüber, so läßt sich festhalten:
Aufgrund der Formulierung von § 1 I Nr. 2 ESchG ist - zumindest nach dem Wortsinn - eine andere, einschränkende Auslegung nicht möglich. Diese schießt jedoch über den vom Gesetzgeber intendierten Umfang und Schutzzweck hinaus.

---

[37] vgl. BÖCKENFÖRDE-WUNDERLICH, a.a.O., (Fn. 35); KOLLEK, a.a.O., (Fn. 35)
[38] vgl. SCHNEIDER, a.a.O. (Fn. 36)
[39] SCHROTH, JZ 02, S. 170 (173)
[40] vgl. MERKEL, Forschungsobjekt Embryo, S. 61 f.; SCHROTH, a.a.O. (Fn. 39)
[41] GIWER, a.a.O. (Fn. 34) unter Bezug auf: BTDrucks. 11/5460, S. 8

Um den vom Gesetzgeber gewollten Umfang zu gewährleisten, ist es erforderlich, eine einschränkende Auslegung vorzunehmen.

Eine solche einschränkende Auslegung bietet nun diejenige Auffassung, nach der es für den Wegfall der Strafbarkeit lediglich darauf ankommt, daß eine strafrechtliche Absicht zur Verpflanzung gegeben ist, unabhängig von allen daneben bestehenden Absichten.

Es ist unerheblich, ob man jede andere Absicht pönalisiert oder ob man eine Strafbarkeit nur dann entfallen läßt, wenn der Täter *ausschließlich* mit der Absicht der Herbeiführung einer Schwangerschaft handelt. Abgesehen von der Schwierigkeit, das Vorliegen einer solchen Ausschließlichkeit nachzuweisen, würde in jedem Fall ein über den vom Gesetzgeber gewollten Gehalt hinausgehender Umfang vorliegen.

Dies verdeutlicht auch die Überlegung, daß man dann bereits die Ausführung der Behandlung durch den Arzt im Rahmen seines Berufes als strafrechtlich relevant nach § 1 I Nr. 2 ESchG ansehen könnte, stellt dies doch ebenfalls eine andere Absicht als die Herbeiführung der Schwangerschaft dar: denn eine Berufsausübung umfaßt auch die Absicht, hierdurch Geld zu verdienen. Diese Auslegung stellt eine zu hohe Anforderungen an den subjektiven Tatbestand, liefert offensichtlich absurde Ergebnisse und liegt damit fern der Intentionen des Gesetzgebers.

Aus teleologischen Gründen kommt daher als Auslegungsvariante alleine diejenige in Frage, welche bei Vorliegen einer Absicht zur Verpflanzung die Strafbarkeit entfallen läßt, wohlgemerkt einer Absicht im strafrechtlichen Sinne, unter Berücksichtigung der Versuchsdogmatik des allgemeinen Teils des StGB.

Nun könnte man in Frage stellen, ob eine dieserart einschränkende Auslegung noch mit dem festgestellten Schutzzweck von § 1 I Nr. 2 ESchG vereinbar ist. So wären Fälle denkbar, in denen der Arzt Veränderungen am Erbgut des Embryos vorzunehmen gedenkt, jedoch anschließend dennoch den Embryo zu verpflanzen beabsichtigt. Dies wäre dann nicht von § 1 I Nr. 2 ESchG erfaßt.

Dem ist entgegenzuhalten, daß es nicht Zweck dieser Vorschrift ist, jeglichen Mißbrauch am Embryo zu unterbinden, sondern lediglich die gespaltene Mutterschaft und die *verbrauchende* Forschung am Embryo[42], um die es sich im genannten Beispiel gerade nicht handelt.
Wer nun befürchtet, hiermit eine Einfallsmöglichkeit für einen Mißbrauch am Embryo zu schaffen, der übersieht, daß im genannten Beispiel noch ein Verstoß gegen § 2 I 4. Alt. ESchG im Raum steht.

---

[42] vgl. DUTTGE, a.a.O. (Fn. 34); GIWER, a.a.O. (Fn. 34) unter Bezug auf: BTDrucks. 11/5460, S.8; SCHNEIDER, a.a.O. (Fn. 34)

b. Zwischenergebnis

Es bleibt festzuhalten, daß eine Strafbarkeit nach § 1 I Nr. 2 ESchG dann entfällt, wenn der Täter mit Absicht zu Herbeiführung einer Schwangerschaft der Frau handelt, von der die Eizelle stammt. Der Absichtsbegriff ist entsprechend der Dogmatik des allgemeinen Teils des StGB festzustellen.
Im Fall der PID ist eine solche Absicht gegeben, der Tatbestand von § 1 I Nr. 2 ESchG liegt daher nicht vor.

2. Verstoß gegen § 1 I Nr. 5 ESchG

Bei der Durchführung einer PID außerhalb Deutschlands werden z.T. mehr als nur die zur Ermöglichung einer Übertragung notwendigen Embryonen erzeugt, um die Auswahl eines den jeweiligen Motiven entsprechenden Embryos zu gewährleisten[43]. Dies würde in Deutschland auch einen Verstoß gegen § 1 I Nr. 5 ESchG darstellen.

3. Verstoß gegen § 2 I ESchG

Durch die Untersuchung des Embryos und der entnommenen Zellen könnte ein Verstoß gegen § 2 I 4. Alt. ESchG vorliegen, sofern eine Verwendung des Embryos zu einem nicht seiner Erhaltung dienenden Zweck vorliegt.
Als eine solche Verwendung kommen verschiedene Verhaltensweisen in Betracht.

a. Untersuchen des Embryos

Man könnte die Auffassung vertreten, die Untersuchung des Embryos stelle eine Verwendung dar, die nicht dem Zweck seiner Erhaltung diene, allerdings ist zu beachten, daß nicht der Embryo selbst untersucht wird, sondern eine ihm entnommene, pluripotente Zelle[44]. Die Untersuchung einer solchen ist jedoch nicht vom ESchG erfaßt, da es sich hierbei nach Ende der Totipotenz nicht mehr um einen Embryo i.S. dieses Gesetzes handelt, vgl. § 8 I ESchG.

b. Entnahme einer pluripotenten Zelle

Möglicherweise könnte jedoch die Entnahme einer pluripotenten Zelle eine Verwendung des Embryos darstellen, die nicht dem Zweck seiner Erhaltung dient. Dann müßte zunächst eine Verwendung vorliegen.

---

[43] BÖCKENFÖRDE-WUNDERLICH, Rechtsproblem, S. 131 unter Bezug auf: SCHROEDER-KURTH, Zeitschrift für medizinische Ethik 00, 123 (134); vgl. auch GIWER, Rechtsfragen, S. 38 f.; KOLLEK, Präimplantationsdiagnostik, S. 198
[44] SCHROTH, JZ 02, S. 170 (175)

i. Tatbestandsmerkmal „Verwenden" i.S.v. § 2 I 4. Alt. ESchG

Hierbei stellt sich zunächst die Frage, ob durch die Zellentnahme überhaupt das objektive Tatbestandsmerkmal „Verwenden" erfüllt wird.

(1) Heileingriff zugunsten des Embryos

Nach einer Auffassung soll hier ein Heileingriff zugunsten des Embryos in Frage kommen, bei dessen Vorliegen ein „Verwenden" auszuschließen sei[45].

(2) Eingriffe, die der Erhaltung nicht entgegenwirken

Nach anderer Auffassung sollen jegliche Handlungen erfaßt sein, ausgenommen solcher, die der Erhaltung des Embryos dienen oder seiner Erhaltung nicht zuwiderlaufen[46].
Die Entnahme allein würde der Erhaltung des Embryos zwar nicht nützen, jedoch würde (je nach Stadium des Embryos und Anzahl der entnommenen Zellen) dies auch keinen ihr schädlichen Eingriff darstellen. Somit wäre auch hier kein Verwenden gegeben.

(3) Jegliche Handlungen

Weiterhin könnte man die Auffassung vertreten, daß jegliche Handlung, welche am Embryo vorgenommen wird, ein Verwenden darstellt[47]. Folglich wäre auch die Entnahme einer pluripotenten Zelle ein Verwenden.

(4) Stellungnahme

Gegen die Annahme eines Heileingriffs wird eingewandt, daß der Zustand des Embryos bei der PID (von der Entnahme der pluripotenten Zelle abgesehen) unverändert bleibe, und in seiner Verwerfung auch kein Heileingriff zu sehen sei[48].
Dem ist zuzustimmen, denn es mangelt bei der PID offensichtlich sowohl an einer Heilung, also einer Verbesserung eines nachteiligen Zustandes, als auch an einem Eingriff, denn nach Entnahme der pluripotenten Zelle wird der Embryo entweder verpflanzt oder verworfen.
Daher ist die Annahme eines Heileingriffs bei der PID auszuschließen, so daß es auch dahinstehen kann, ob ein solcher als „Verwenden" anzusehen sei oder nicht.

---

[45] Keller/Günther/Kaiser, ESchG, § 2, Rn. 56
[46] BÖCKENFÖRDE-WUNDERLICH, Rechtsproblem, S. 133; DUTTGE, GA 02, 241 (246); SCHNEIDER, Aspekte, S. 60 f.
[47] RENZIKOWSKI, NJW 01, S. 2753 (2756 f.)
[48] BÖCKENFÖRDE-WUNDERLICH, Rechtsproblem, S. 135; SCHNEIDER, Aspekte, S. 60; RENZIKOWSKI, NJW 01, S. 2753 (2756)

Fraglich ist jedoch, wie weit der Begriff des „Verwendens" auszulegen ist. Für eine einschränkende Auslegung, also eine, die nicht alle Handlungen umfaßt, spricht zunächst der Wortlaut von § 2 I 4. Alt. ESchG. Wenn nämlich bereits „Verwenden" jegliche Handlungen umfassen würde, die den Embryo betreffen, wäre die Erwähnung der Alternativen „Abgeben" oder „Erwerben" überflüssig.
Es müßte sich also um ein Verhalten handeln, welches über ein „Abgeben" oder „Erwerben", also ein bloßes Umgehen *mit* dem Embryo, hinausgeht.

Eine solche Einschränkung könnte man vornehmen, indem man nur solche Tätigkeiten als „Verwenden" wertet, die nicht der Erhaltung des Embryos dienen. Um eine zu weite Ausdehnung des Tatbestandes zu vermeiden, sollen hiervon „neutrale" Tätigkeiten ausgenommen sein, wie z.B. die für die Entwicklung unschädliche Entnahme einer Zelle, es sollen also nur solche Handlungen tatbestandlich sein, welche der Entwicklung des Embryos zuwiderlaufen[49].

Dagegen wird eingewandt, daß es keine „neutralen Handlungen" am Embryo gebe, da § 2 I 4. Alt. ESchG gerade keine Schädigung des Embryos fordere, sondern jegliches Experimentieren am Embryo verbieten wolle[50].
Außerdem verkenne diese Auffassung, daß der in § 2 I 4. Alt. ESchG genannte Zweck der Handlung kein objektives, sondern ein subjektives Tatbestandsmerkmal sei, nämlich die Beschreibung der geforderten Absicht des Täters.

Um eine genauere Abgrenzung zu den anderen beiden Alternativen zu ermöglichen, gilt es nun, den Unterschied zwischen Abgeben, Erwerben und Verwenden herauszustellen.
Charakteristisch für die ersten beiden Handlungsmöglichkeiten ist, daß zwar mit dem Embryo umgegangen wird, jedoch keine Veränderungen *an* ihm, also seiner Substanz, genetischen Information etc. vorgenommen wird.
Als Abgrenzungskriterium bietet sich daher an, alle Handlungen *am* Embryo als tatbestandlich anzusehen, also solche Verhaltensweisen, die auf den strukturelle Bestand des Embryos einwirken, wie z.B. die Entnahme von Zellen des Embryos oder deren Veränderung.
Dies würde sich auch nach dem Sinn der Vorschrift anbieten, da jeglicher Mißbrauch, also sowohl der Handel mit dem Embryo, als auch die mißbräuchliche Behandlung desselben z.B. in Form von Experimenten unterbunden werden sollte[51].

---

[49] SCHNEIDER, Aspekte, S. 60; vgl. auch die ausführliche, im Ergebnis aber ablehnende Darstellung bei: BÖCKENFÖRDE-WUNDERLICH, Rechtsproblem, S. 133 f.
[50] BÖCKENFÖRDE-WUNDERLICH, Rechtsproblem, S. 135 f.; RENZIKOWSKI, a.a.O. (Fn. 48) unter Verweis auf: KELLER/GÜNTHER/KAISER, ESchG, § 2, Rn. 54
[51] vgl. KELLER/GÜNTHER/KAISER, ESchG, § 2, Rn.30; BÖCKENFÖRDE-WUNDERLICH, Rechtsproblem, S. 133

Zusammenfassend heißt dies, daß ein Verwenden immer dann vorliegt, wenn eine Veränderung des Zustandes (Zellanzahl, Beschaffenheit der einzelnen Bestandteile) des Embryos bewirkt wurde.

Die Entnahme einer pluripotenten Zelle würde eine solche Veränderung darstellen, der objektive Tatbestand wäre erfüllt.

Dem wird entgegengehalten, lediglich die Untersuchung sei eine Verwendung - und auch keine des Embryos[52], sondern der pluripotenten Zelle, so daß die Entnahme als solche keine Verwendung darstelle. Hierbei leuchtet jedoch nicht ein, warum diese Untersuchung, welche die Entnahme einer Zelle voraussetzt, *nur* eine Verwendung der entnommenen Zelle sein soll, insbesondere da diese vor Entnahme ein Bestandteil des Embryos war.
Ein „Verwenden" läge bei der PID also vor.

ii. Nicht zur Erhaltung dienender Zweck als Tatbestandsmerkmal

Weiterhin müßte als subjektives Merkmal die Absicht bezüglich eines nicht der Erhaltung dienenden Zwecks vorliegen. Wiederum ist strittig, wie dieses Tatbestandsmerkmal auszulegen ist.

(1) Jede andere Absicht

Eine Position besagt, daß jede andere Absicht als tatbestandlich anzusehen sei[53].
Der die PID vornehmende Arzt handelt bei der Untersuchung in der Absicht, dem Embryo eine Zelle zu entnehmen. Diese Entnahme dient nicht der Erhaltung des Embryos, denn sowohl ohne Entnahme der Zelle, als auch mit ihr kann sich der Embryo ungehindert weiterentwickeln, die Entwicklung bleibt also unberührt davon. Folglich läge eine andere Absicht vor, der subjektiven Tatbestand von § 2 I 4. Alt. ESchG wäre erfüllt.

(2) Der Erhaltung zuwiderlaufende Absicht

Nach anderer Meinung sollen nur solche Absichten erfaßt sein, welche der Erhaltung zuwiderlaufen[54].
Die Entnahme einer pluripotenten Zelle zu Untersuchungszwecken bei der PID ist für die weitere Entwicklung des Embryos unschädlich, und würde dieser nicht zuwiderlaufen, ebenso wie die (verbrauchende) Untersuchung der entnommenen plu-

---

[52] SCHROTH, a.a.O. (Fn. 44)
[53] BÖCKENFÖRDE-WUNDERLICH, Rechtsproblem, S. 133 f.; KELLER/GÜNTHER/KAISER, ESchG, § 2, Rn.38; RENZIKOWSKI, NJW 01, S. 2753 (2757)
[54] DUTTGE, GA 02, 241 (246); SCHROTH, JZ 02, S. 170 (175); SCHNEIDER, a.a.O. (Fn. 49)

ripotenten Zelle. Somit läge keine schädliche Absicht vor, eine Strafbarkeit nach § 2 I 4. Alt. ESchG entfiele.

(3) Stellungnahme

Ähnlich wie schon bei § 1 I Nr. 2 ESchG stellt sich einerseits die Frage, ob die Strafbarkeit der Handlung sich aus dem Umkehrschluß ergibt und andererseits, welche Bedeutung der strafrechtliche Absichtsbegriff für die Auslegung der Norm hat.

So argumentieren die Vertreter der Auffassung, die hier nicht zur Strafbarkeit kommt, daß es nur auf das Vorliegen einer bedingten Absicht im strafrechtlichen Sinne ankäme, also einer solchen, die an den Eintritt einer objektiven Bedingung anknüpft, hier eines negativen Befundes[55]. Außerdem ergebe sich die Strafbarkeit wiederum nur aus dem Umkehrschluß[56], so daß der Tatbestand nur dann erfüllt wäre, wenn der Täter mit Absicht bezüglich eines der Erhaltung zuwiderlaufenden Zweckes handeln würde.

Gegen diese Auslegung spricht zunächst der Wortlaut der Vorschrift, der eine solche Auslegung aus den gleichen Gründen nicht zuläßt wie bei § 1 I Nr. 2 ESchG:
Die Norm erklärt nämlich nicht die Verfolgung *eines* bestimmten richtigen Zwecks für recht*mäßig*, sondern die Verfolgung *vieler* unbestimmter falscher Zwecke als rechts*widrig* und geht somit weit über das von den Vertretern dieser Auffassung Erklärte hinaus[57].
Eine solche Auslegung würde einem anderen Wortlaut entsprechen: Statt von allen anderen als der Erhaltung dienenden Zwecken müßte von einem Zweck zur Nichterhaltung die Rede sein, eine Formulierung, die nicht nur vom Wort*laut*, sondern auch vom Wort*sinn* her abweicht.

Nun könnte man ähnlich wie bei § 1 I Nr. 2 ESchG argumentieren, daß diese Auslegung eine viel zu weit gefaßte Strafbarkeit ergäbe, welche möglicherweise auch vom Gesetzgeber so nicht beabsichtigt war, und daher eine einschränkende Auslegung fordern[58]. Allerdings müßte dann wiederum der Schutzzweck der Norm beachtet werden[59].

Schutzzweck von § 2 I 4. Alt ESchG ist jedoch, abweichend von § 1 I Nr. 2 ESchG, ein umfassender Schutz des Embryos in vitro vor jeglichem Mißbrauch[60]. Nun sind jedoch Fallkonstellationen denkbar, in denen Einschränkungen derart, daß eine

---

[55] DUTTGE, a.a.O (Fn. 54); SCHROTH, a.a.O (Fn. 54); SCHNEIDER, a.a.O. (Fn. 49)
[56] SCHNEIDER, a.a.O. (Fn. 49)
[57] vgl. MERKEL, Forschungsobjekt Embryo, S. 25 in Fn. 20
[58] BÖCKENFÖRDE-WUNDERLICH, Rechtsproblem, S. 134
[59] KELLER/GÜNTHER/KAISER, ESchG, § 2, Rn.36 f.
[60] KELLER/GÜNTHER/KAISER, a.a.O. (Fn. 59)

Strafbarkeit nur dann gegeben ist, wenn eine Absicht zur Erhaltung nicht vorliegt, diesem Schutzzweck nicht gerecht werden:
Nach dieser Variante wäre es dann möglich, genetische Manipulationen an einem Embryo vorzunehmen, solange nur die Absicht zur Erhaltung gegeben ist, also jegliche nicht verbrauchende Maßnahme.

Als weitere Eingrenzungsmaßnahme könnte man jeden nicht schädigenden Zweck als tatbestandslos ansehen. Aber auch nach dieser Auslegung wären mißbräuchliche Handlungen am Embryo denkbar, etwa der Versuch einer „Optimierung" des Erbmaterials durch genetische Veränderungen, solange nur eine Schädigung nicht beabsichtigt ist.
Hierbei würde also außer acht gelassen, daß auch mißbräuchliche Handlungen am Embryo möglich sind, die diesen nicht zwangsläufig schädigen bzw. eine Schädigung bezwecken. Hingegen hatte der Gesetzgeber einen umfassenden und weitreichenden Schutz des Embryos beabsichtigt[61], weshalb eine solche Auslegung mit dem Schutzzweck von § 2 I 4. Alt EschG unvereinbar ist.

iii. Zwischenergebnis

Die Entnahme einer pluripotenten Zelle des Embryos bei der PID stellt eine Verwendung des Embryos zu einem Zweck dar, der nicht seiner Erhaltung dient, eine Absicht diesbezüglich ist gegeben, daher ist der Tatbestand von § 2 I 4. Alt. ESchG erfüllt.

c. Verwerfen des Embryos

Das Verwerfen des Embryos nach erfolgter Biopsie könnte einen Verstoß gegen § 2 I 4. Alt. ESchG sein. Dann müßte zunächst ein Verwenden gegeben sein. Als solches wurde jedes aktive Tun definiert, welches zu einer Veränderung des Zustandes des Embryos führt[62].
Unabhängig davon, ob der Embryo weggeschüttet oder durch Auftropfen von Alkohol abgetötet wird, nimmt man in beiden Fällen den Zellen des Embryos Ihre Pluripotenz, es handelt sich um eine Veränderung des Zustandes des Embryos, nämlich die gravierendste, seine Vernichtung.
Nun mag man einwenden, daß eine bloße Vernichtung nach dem Sinn des Wortes „Verwenden" ausgeschlossen sein müßte, zumindest wenn sich beide Begriffe gegenseitig ausschließen. Man könnte argumentieren, daß die Vernichtung eben gerade keine Verwendung darstellt, da es sich hierbei um eine qualitativ andere Handlung handelt. Dies verkennt jedoch, daß nach dem Wortsinn die Vernichtung eben auch eine Verwendung sein kann, da „Verwenden" die Zuführung zu einem Zweck darstellt, was auch durch die Vernichtung erfolgen kann. Darüber hinaus spricht

---

[61] KELLER/GÜNTHER/KAISER, a.a.O. (Fn. 59)
[62] s.o. unter: 3. Teil: A. III. 3. b. i. (4)

jedoch ein wichtigeres Argument dafür, auch die Vernichtung zu erfassen. Wie bereits dargelegt, ist Schutzzweck von § 2 I 4. Alt. ESchG, jegliche frivole Behandlung des Embryos zu verhindern. Als solche muß aber auch die leichtfertige Vernichtung eines Embryos gesehen werden. Auch aus der teleologischen Auslegung ergibt sich somit, daß auch das Verwerfen als eine Verwendung i.S.v. § 2 I 4. Alt. ESchG anzusehen ist.
Eine Absicht zur Erhaltung ist hierbei nicht ersichtlich, folglich erfüllt das Verwerfen den Tatbestand von § 2 I 4. Alt. ESchG.

d. Stehenlassen des Embryos

Möglicherweise könnte das Stehenlassen des Embryos nach erfolgter Biopsie eine Verwendung i.S.v. § 2 I ESchG durch Unterlassen sein.

i. Garantenstellung des Arztes

Dann müßte der Arzt Garant für die Integrität des Embryos sein.
Für die Begründung einer solchen Garantenstellung kommen einerseits das Arzt-Patienten-Verhältnis zwischen Schwangerer und Arzt in Betracht, zum anderen könnte eine Garantenstellung aus Ingerenz vorliegen, also einem gefahrbegründenden Vorverhalten[63].

Zwischen Arzt und Patient könnte eine Garantenstellung aufgrund des Behandlungsvertrages bestehen. Nach überwiegender Auffassung bemißt sich eine Garantenstellung im Rahmen einer ärztlichen Behandlung nicht an zivilrechtlichen Regeln, sondern an den tatsächlichen Begebenheiten der Behandlung[64], entscheidend ist daher die Behandlungsübernahme durch den Arzt und die damit verbundene und übernommene Verantwortung[65], welche Ihren Ausdruck auch, aber nicht notwendigerweise im Behandlungsvertrag findet.
Fraglich ist, ob auch der Embryo von diesem Behandlungsverhältnis erfaßt ist. Allerdings ist allgemein anerkannt, daß sich die Sorgepflicht des Arztes im Rahmen eines medizinischen Versorgungsverhältnisses auch auf Dritte erstreckt, sofern deren Behandlung im Rahmen des Behandlungsvertrages liegt[66]. Bei der künstlichen Befruchtung sind die Erzeugung befruchteter Eizellen, sowie deren Verpflanzung ebenso wie der Erhalt deren Unversehrtheit von vornherein Behandlungsziele, so daß von einer Ausdehnung der Garantenpflichten auf den Embryo auszugehen ist[67].
Weiter ist zu klären, in welcher Weise die Sorgfaltspflicht des Arztes begründet und erfüllt wird bzw. erlischt. Wäre die Pflicht sowohl einseitig begründ-, als auch kündbar, würde dies dazu führen, daß sich der Arzt seiner Garantenstellung durch

---

[63] vgl. dazu: STREE, in: S/S § 13, Rn. 32; RUDOLPHI, in: SK, § 13 Rn. 38 f.
[64] BGH NJW 79, 1258 (1258); STREE, in: S/S, § 13, Rn. 28a; RUDOLPHI, in: SK, § 13 Rn. 62 f.
[65] LOOSE, ärztliche Behandlung, S. 126
[66] SCHNEIDER, Aspekte, S. 59 unter Verweis auf LAUFS, Arztrecht, Rn. 482
[67] so auch SCHNEIDER, a.a.O. (Fn. 66)

bloße Aufgabe seines Behandlungswillens dem Dritten gegenüber entziehen könnte. Die Sorgfaltspflicht des Arztes ist daher einseitig begründbar, erlischt aber erst mit ihrer ordnungsgemäßen Erfüllung[68] oder wenn der auf den Schutz Vertrauende anderweitige Gefahrenvorsorge treffen kann[69], was dem Embryo jedoch mangels Fähigkeit hierzu unmöglich ist.

Damit ist aber noch nichts darüber gesagt, wie sich die Sorgfaltspflicht in solchen Fällen darstellt, in denen der Patient eine ärztliche Behandlung verweigert oder verbietet.

Das Selbstbestimmungsrecht des behandelten (und aufgeklärten) Patienten kann den Behandlungsauftrag grundsätzlich begrenzen, so daß der Arzt seiner besonderen Pflichtenstellung enthoben werden kann[70]. Es stellt sich daher die Frage, wie es sich auf die dem Embryo gegenüber bestehende Sorgepflicht auswirkt, wenn die Patientin im Rahmen der PID den Arzt von seiner besonderen, mit der Behandlungsübernahme begründeten Pflicht ihr gegenüber suspendiert, etwa indem sie eine Verpflanzung verweigert, ob also die Pflicht zur Behandlung Dritter, die ebenfalls in das Behandlungsverhältnis aufgenommen sind, akzessorisch ist.

Fraglich ist, ob die Mutter über den exkorporalen Embryo verfügen und damit die Sorgfaltspflicht des Arztes aufheben kann. Da der Erhalt des Embryos durch die Verweigerung der Übertragung durch die Mutter unmöglich gemacht wird, könnte man annehmen, daß die Sorgfaltspflicht des Arztes dem Embryo gegenüber hierdurch erlischt.

Dies würde jedoch außer acht lassen, daß neben der Pflicht zum Erhalt des Embryos auch eine dazu besteht, jeglichen frivolen oder schädlichen Umgang mit dem Embryo zu vermeiden[71] – diese Pflicht muß auch nach Verweigerung der Übertragung des Embryos fortbestehen, da die Gefahren, welche sich aus der „exkorporalen Verfügbarkeit“ des Embryos[72] ergeben, dadurch, daß der Embryo faktisch von der Mutter aufgegeben wird, eher noch wachsen, nachdem sein weiteres Schicksal, eben die Verwerfung, nun feststeht. Nach dem ESchG ist jedoch jeder erzeugte Embryo vor Mißbrauch zu schützen.

Nun könnte man einwenden, daß wenn eine Garantenpflicht gegenüber Dritten durch die Vereinbarung zwischen Arzt und Patient begründet wird, diese auch durch eine entsprechende weitere Vereinbarung wieder aufhebbar sein müßte.

Dies läßt jedoch einerseits das eben angesprochene Gebot des ESchG außer acht, den Embryo vor jeglichem Mißbrauch zu schützen, ein Gebot, das auch und gerade den Arzt trifft; andererseits ist zu fragen, ob die Mutter nach der Erzeugung überhaupt noch in dieser Weise über den Embryo verfügen kann. Auch dies scheint unvereinbar mit dem ESchG, das Schutzgut, namentlich der Schutz des Embryos vor Mißbrauch, steht nicht zur Disposition der Mutter. Niemand ist dazu befugt, belie-

---

[68] RUDOLPHI, in: SK, § 13 Rn. 63

[69] STREE, in: S/S, § 13, Rn. 29

[70] LOOSE, ärztliche Behandlung, S. 126 f.

[71] vgl. hierzu oben 3. Teil: A. III. 3. b. ii. (3)

[72] zu diesem Begriff vgl.: SCHNEIDER, a.a.O. (Fn. 66)

big mit dem exkorporalen Embryo umzugehen, eine Ausnahmeregelung bzw. Strafbefreiung (wie etwa in § 1 III ESchG) für die Eltern besteht nicht. Dies ist aber auch dem Arzt bei Behandlungsübernahme bekannt, folglich kann er sich der Garantenstellung nach erfolgter Übernahme nicht dadurch entziehen, daß er sich auf eine Verweigerung der Verpflanzung seitens der Mutter beruft.
Wer hierin nun eine übermäßige Belastung des behandelnden Arztes sehen will, der möge bedenken, daß der Arzt nicht gezwungen ist, die Behandlung zu übernehmen oder eine PID durchzuführen – tut er dies dennoch, dann muß er sich auch den Vorgaben des ESchG entsprechend verhalten.

Daneben könnte noch eine Garantenstellung aufgrund von Ingerenz bestehen, wenn die Gefahr erst durch ein für das Rechtsgut gefährliches Vorverhalten geschaffen wurde. Durch Vornahme einer künstlichen Befruchtung wird die schutzbedürftige Position des Embryos in vitro erst herbeigeführt, so daß auch eine entsprechende Garantenstellung bestünde[73].
Jedoch sei auch diese Garantenstellung wieder dahingehend einzuschränken, daß keine unbedingte Pflicht zum Transfer und der Erhaltung der befruchteten Eizelle bestehen könne[74].
Dieser Auffassung ist jedoch nur teilweise zuzustimmen. Richtigerweise schafft der Arzt mit der Durchführung der künstlichen Befruchtung die Gefahr der „extrakorporalen Verfügbarkeit", wie bereits erwähnt. Das mangelnde Einverständnis zur Einpflanzung des Embryos kann sich höchstens auf die Frage der Zumutbarkeit[75], nicht jedoch auf das Bestehen bzw. den Umfang der Pflicht des Arztes auswirken. Denn diese besteht darin, die aus der exkorporalen Verfügbarkeit geschaffenen Gefahren für den Embryo von diesem abzuwenden, also *auch* die vorher erkennbare Gefahr, daß die Patientin den Transfer im Falle einer Diagnose mit bestimmtem Ausgang verweigern wird.

Allerdings wird nicht nur die Gefahr für den Embryo, sondern auch der Embryo selbst erst mit der Vornahme der IVF geschaffen: Folglich könnte man argumentieren, daß ohne die Befruchtung auch kein schützenswertes Rechtsgut, nämlich der Embryo, entsteht.
Problematisch daran ist, daß dann eine Erzeugung nie eine Beeinträchtigung des Embryos darstellen würde. Es sind jedoch Fälle denkbar, in welchen dies nur schwerlich zu vertreten ist. Als Beispiel sei die sogenannte Chimärenbildung genannt, also die Kreuzung zwischen menschlichen und tierischen Erbinformationen: Wäre diese möglich, läge bereits in der Erzeugung eines solchen Wesens selbst eine Beeinträchtigung des Embryos.

---

[73] SCHNEIDER, a.a.O. (Fn. 66)
[74] SCHNEIDER, a.a.O. (Fn. 66)
[75] so im Ergebnis auch BÖCKENFÖRDE-WUNDERLICH, Rechtsproblem, S. 139 und SCHNEIDER, Aspekte, S. 59 f.

Daher darf das Zusammenfallen von Gefahrbegründung und Entstehung des Embryos für die Frage nach der Sorgfaltspflicht keine Relevanz haben.

Es läßt sich festhalten, daß dem Arzt eine Garantenstellung sowohl aus dem Behandlungsverhältnis, als auch aus Ingerenz wegen Durchführung der IVF zukommt.

ii. Entsprechungsklausel aus § 13 StGB

Nach § 13 I StGB muß das Unterlassen der Verwirklichung des gesetzlichen Tatbestandes durch ein Tun entsprechen.
Dann müßte das Unterlassen lebenserhaltender Maßnahmen gem. § 13 StGB zunächst einem aktiven Tun, welches die Verwirklichung des Tatbestandes darstellt, entsprechen.

Bezüglich der Tatbestandsverwirklichung müßte die Nichtvornahme lebenserhaltender Maßnahmen der Tatbestandsalternative Verwenden entsprechen. Charakteristisch für die Entsprechung ist eine Übereinstimmung im sozialen Sinngehalt, also den besonderen Momenten, die der Tathandlung innewohnen[76].
Dies soll nach einer Ansicht nicht gegeben sein, da eine Gleichwertigkeit zwischen bloßem Stehenlassen und einem aktiv mißbräuchlichen Verwenden nicht vorliege[77].
Allerdings ist nicht ersichtlich, wo eine Abweichung im Unrechtsgehalt liegen soll, da in beiden Fällen durch die Vernichtung eine Verwendung des Embryos vorliegt, im Sinne des Tatbestandsmerkmals „Verwenden“[78], also ein den Zustand des Embryos verändernder Umgang, und auch keinerlei Anhaltspunkte ersichtlich sind, welche auf einen schwerwiegenderen Unrechtsgehalt hinweisen als beim Stehenlassen.
Als weitere den Handlungsunwert charakterisierende Momente bei § 2 I ESchG sind die anderen als der Erhaltung dienenden Absichten beim Umgang mit dem Embryo zu nennen.
Es wird vorgebracht, daß ein normativer Unterschied zwischen der Absicht zur bloßen Vernichtung und der zur Vornahme von Forschungsarbeiten am Embryo vorliege[79], weshalb ein Unterlassen mangels Entsprechen nicht gegeben sei.
Dies vermag jedoch nicht zu überzeugen: Wenn bereits die Absicht zur mißbräuchlichen Verwendung unter Bezug auf die Schutzbedürftigkeit des Embryos als Unrechtsgehalt von § 2 I ESchG anzusehen ist, dann muß doch erst recht jene zur Vernichtung des Embryos darunterfallen, wenn ansonsten alle weiteren Bedingungen für einen Fortbestand oder die Verpflanzung gegeben sind.

---

[76] STREE, in: S/S § 13 Rn. 4; RUDOLPHI, in: SK, § 13 Rn. 18
[77] GIWER, Rechtsfragen, S. 40; KELLER/GÜNTHER/KAISER, ESchG, § 2, Rn. 34; SCHROTH, JZ 02, S. 170 (175)
[78] zur hier vertretenen Auslegung des Tatbestandsmerkmals „Verwenden“ vgl. o. 3. Teil: A. III. 3. b. i. (4)
[79] SCHROTH, JZ 02, S. 170 (175)

Daher liegt eine Gleichwertigkeit vor, die Entsprechungsklausel von § 13 StGB ist erfüllt.

iii. Möglichkeit der gebotenen Handlung

Es wird vorgebracht, daß die gebotene Handlung, also die Verpflanzung des Embryos, im Falle der PID für den Arzt nicht möglich sei[80].

(1) Mangelndes Einverständnis der PID- Patientin zur Übertragung des Embryos

Denn Behandlungsziel sei es, nur solche Embryonen zu verpflanzen, welche nicht bestimmte genetische Anlagen tragen[81]. Nur für diese „gesunden" Embryonen bestünde ein Einverständnis der Eizellenspenderin zur Verpflanzung[82]. Im übrigen sei davon auszugehen, daß die Patientin bei der PID Ihr Einverständnis jedenfalls dann entziehen werde, wenn sie nach vollzogener Diagnose weiß, daß der zu implantierende Embryo die betreffenden Merkmale aufweist[83].
Wenn der Arzt nun aber, entweder durch Täuschung oder mit anderen Mitteln, dennoch eine Verpflanzung eines solchen Embryos vornehme, würde er sich u.a. wegen Körperverletzung und Nötigung strafbar machen[84].
Dies macht dem Arzt die Verpflanzung des Embryos bzw. eine Erfüllung seiner Sorgfaltspflicht rechtlich unmöglich.

Allerdings ist zu beachten, daß die Möglichkeit der Patientin, ein Einverständnis zu entziehen, erst durch die Diagnose geschaffen wurde, folglich erst durch diese überhaupt die Situation herbeigeführt wird.
Daher könnte hier die Rechtsfigur der omissio libera in causa vorliegen (o.l.i.c.).

(2) Anwendbarkeit der omissio libera in causa

Charakteristisch für die o.l.i.c. ist eine Vorverlagerung des Schuldvorwurfs (bei Schuldunfähigkeit zum Tatzeitpunkt) bzw. des objektiven Tatbestands (bei Handlungsunmöglichkeit im Tatzeitpunkt) auf den Zeitpunkt, in dem die Handlungsunmöglichkeit bzw. Schuldunfähigkeit herbeigeführt wurde, ähnlich wie bei der Figur der actio libera in causa (a.l.i.c.):
Führt der Täter die Sinnlosigkeit oder Unzumutbarkeit einer an sich gebotenen Handlung erst herbei, oder versetzt er sich in einen Zustand, der ihm die Vornahme dieser unmöglich macht, so sei ihm dieses Verhalten zur Last zu legen[85].

---

[80] BÖCKENFÖRDE-WUNDERLICH, Rechtsproblem, S. 139; DUTTGE, GA 02, 241 (247); SCHROTH, a.a.O. (Fn. 79); SCHNEIDER, Aspekte, S. 59 f.
[81] KOLLEK, Präimplantationsdiagnostik, S. 199
[82] BÖCKENFÖRDE-WUNDERLICH, Rechtsproblem, S. 138; SCHNEIDER, a.a.O. (Fn. 80)
[83] SCHNEIDER, Aspekte, S. 60
[84] SCHNEIDER, Aspekte, S. 59
[85] STREE, in: S/S Vor § 13 Rn. 144; RUDOLPHI, in: SK, Vor § 13 Rn. 46

Würde anstatt einer PID eine reguläre IVF vorgenommen, bestünde eine Möglichkeit hierzu nicht, da die Schwangere in jedem Fall der Verpflanzung zugestimmt hätte. Würde sie dann dennoch ihr Einverständnis kurz vor Implantation entziehen, so wäre die Unzumutbarkeit der gebotenen Handlung ohne Zutun des Arztes herbeigeführt worden.
Wenn aber der Arzt vor der Diagnose weiß, daß die Patientin einen Transfer im Falle eines bestimmten Ergebnisses verweigern wird, aber sie dennoch vornimmt, führt diese Vornahme der Diagnose erst zur Unzumutbarkeit der gebotenen Handlung, der Tatbestand von § 2 I ESchG wäre nach den Grundsätzen der o.l.i.c. gegeben.

(a) Anwendbarkeit der o.l.i.c. nach gegenwärtiger Rechtsprechung

Es ist jedoch fraglich, ob an den Grundsätzen der o.l.i.c. festzuhalten ist. Der BGH hat sich zwar zu der verwandten Rechtsfigur der a.l.i.c. dahingehend geäußert, daß ihre Anwendung lediglich für den Bereich der Verkehrsdelikte aufzuheben ist[86], ansonsten soll sie jedoch weiter Bestand haben[87].
Gemeinsam ist beiden Rechtsfiguren das Bemühen, eine Bestrafung des Täters zu erreichen, dem zum Ausführungszeitpunkt der Tat entweder die Schuld- oder die Handlungsfähigkeit fehlt, der hierfür jedoch ein eigenes Verschulden trägt[88].
Hierfür existieren in der Literatur verschiedene Begründungsansätze:

(b) Ausweitung der Handlungsmöglichkeit

So seien die Fälle der o.l.i.c. durch eine Ausweitung der in der Unterlassensstrafbarkeit enthaltenen Handlungsmöglichkeit zu lösen, welche bereits dann zu bejahen sei, wenn ihr Vorliegen zur Disposition des Garanten stehe[89].
Bei der PID steht es zur Disposition des Arztes, ob er ein Behandlungsverhältnis eingeht, welches auf die Einpflanzung nur bestimmter Embryonen gerichtet ist und damit die Handlungsmöglichkeit zur alleinigen Disposition der Patientin stellt oder nicht.

BAIER lehnt dieses Modell aus zwei Gründen ab. Einerseits handele es sich bei dem Modell von STRUENSEE um eine Fiktion, weil zum Zeitpunkt der Nichtvornahme der Handlung der Unterlassende nicht mehr handlungsfähig sei, wodurch gegen dieses Modell hinsichtlich des Schuldprinzips die gleichen Bedenken wie gegen die a.l.i.c. erwüchsen[90].
Andererseits lasse es sich nicht auf die Fälle der a.l.i.c. anwenden, da dort kein Unterlassensdelikt vorliege und somit auch keine weiteren Handlungsmöglichkeiten

---

[86] vgl. BGHSt 42, 235 (238 f.)
[87] vgl. BGH NStZ 2000, 584 (585); BGH NStZ 1997, 230 (230)
[88] so auch BAIER, GA 99, 272 (278 f.)
[89] STRUENSEE, in: Stree/Wessels-FS, S. 151
[90] BAIER, GA 99, 272 (279)

bestünden. Eine einheitliche dogmatische Herleitung von o.l.i.c. und a.l.i.c. sei aber Voraussetzung für die Aufrechterhaltung dieser Rechtsfiguren[91].

(c) Ingerenzhaftung für den eigenen Körper

Daher versucht ein anderer Ansatz, eine einheitliche Anwendbarkeit beider Rechtsfiguren herzustellen:
Nach diesem bestehe nach den Grundsätzen zum Unterlassen eine auf das Vorverhalten auszuweitende Ingerenzhaftung für den eigenen Körper, aus welcher sich eine Pflicht zum Erhalt der eigenen Schuld- und Handlungsfähigkeit ableite[92].
Auf die PID bezogen wäre im Eingehen des Behandlungsverhältnisses eine Verletzung der Pflicht zu sehen, sich nicht in eine Situation zu begeben, in welcher die rechtliche Handlungsmöglichkeit nicht mehr zur eigenen Disposition steht.
Problematisch an dieser Konstruktion ist jedoch, daß sie eine dem Strafrecht fremde Garantiehaftung für die eigene Person schafft und darüber hinaus das in § 13 StGB immanente Erfordernis des Entsprechens von Tun und Unterlassen aufhebt[93].

Neben diesen originären Begründungsansätzen könnte man möglicherweise die o.l.i.c. über die zur a.l.i.c. entwickelten Auffassungen herleiten. Dort werden im überwiegenden drei verschiedene Ansätze vertreten.

(d) Sonderfall der mittelbaren Täterschaft

Durch sein Handeln bediene sich der Täter seiner selbst als Werkzeug zur Ausführung der Tat, es handele sich also um einen Sonderfall der mittelbaren Täterschaft[94].
Damit wäre der Arzt bei Stehenlassen des Embryos Werkzeug seiner selbst.
Diese Auffassung vermag jedoch nicht zu erklären, wieso der in den Fällen von § 21 StGB Handelnde, der die Tat zwar vermindert schuldfähig, jedoch in voll verantwortlichem Zustand vornimmt, sein eigenes Werkzeug sein kann – die a.l.i.c. muß jedoch in den Fällen der §§ 20 und 21 StGB einheitlich begründet werden[95].
Außerdem steht dieses Modell in Widerspruch zum Wortlaut von § 25 I StGB, in dem von einem Anderen die Rede ist[96]: Selbst wenn man von einem Anderen im Rechtssinne ausginge, so sei dieses Modell außerstande, die Diskrepanz in der Bedeutung dieses Merkmals im allgemeinen und besonderen Teil zu erklären, was sich besonders an § 223 StGB zeige, da man sonst den sich selbst nach einem vor-

---

[91] BAIER, a.a.O. (Fn. 90)
[92] BEHRENDT, Affekt, S. 74 ff. u. 90
[93] BAIER, a.a.O. (Fn. 90); ebenfalls ablehnend: PAEFFGEN, in: NK, vor § 323a Rn. 40
[94] so HARDTUNG, NZV 97, 97 (103); HIRSCH NStZ 97, 230 (231 f.); JAKOBS, Strafrecht AT, Rn. 17/64
[95] vgl. LENCKNER / PERRON, in: S/S § 20 Rn. 35 m.w.N.
[96] BAIER, GA 99, 272 (279 f.)

her gefaßten Plan im Rausch Verletzenden als strafbar nach § 223 StGB ansehen müsse[97].
Speziell auf die o.l.i.c. bezogen kommt hinzu, daß es strittig ist, ob ein Unterlassen überhaupt in mittelbarer Täterschaft begangen werden kann, was zu verneinen sei[98].

(e) Ausnahmelösung

Um diesen Einwänden zu entgehen, will die sog. Ausnahmelösung in diesen Fällen eine Ausnahme zur Regelung des Schuldprinzips sehen, die dem Täter einen Rückgriff auf die zur Tat bestehende Einsichts- bzw. Steuerungsunfähigkeit deshalb versagen möchte, weil er aufgrund eines Vorverhaltens diesen Defekt selbst herbeigeführt hat[99]. Umstritten ist unter den Vertretern dieses Ansatzes, wie eine solche Ausnahme zu begründen ist.
Nach einem Begründungsansatz handele es sich um richterliches Gewohnheitsrecht, welches vom Gesetzgeber akzeptiert sei[100]. Diese Begründung sieht sich dem Vorwurf ausgesetzt, einen Verstoß gegen Art. 103 II GG darzustellen, der strafbarkeitsbegründendes Gewohnheitsrecht verbietet[101]. Ein solcher Verstoß könne sich jedoch weder durch konsequente Wiederholung seitens der Strafgerichte selbst legitimieren noch durch Gewohnheitsrecht legitimiert werden. Als Ausweg wird hier ein Rückgriff auf das allgemeine Rechtsprinzip des Rechtsmißbrauchsprinzips vorgeschlagen, welches als allgemeines Prinzip als Bestandteil des positiven Rechts anzusehen sei[102]. Angesichts der verfassungsrechtlichen Zweifel an der a.l.i.c. de lege lata wird diese Lösung jedoch auch als wenig zufriedenstellend eingestuft und daher auch für die Schaffung einer Ausnahmeregelung de lege ferenda plädiert[103]. Entsprechend muß sich diese Auffassung auch weiter den Vorwurf gefallen lassen, daß sie nicht mit der in § 20 StGB geforderten Schuldfähigkeit bei Begehung der Tat vereinbar, und de lege ferenda ihre Anwendung hinsichtlich der Abstufung des Schuldvorwurfs unklar sei, etwa nach Vorsatz- und Fahrlässigkeitsschuld[104].

(f) Tatbestandslösung

Um einen Widerspruch zu der Regelung des § 20 StGB zu vermeiden, sei das Sich-Versetzen in den Zustand der Schuld- bzw. Handlungsunfähigkeit bereits als tatbe-

---

[97] BAIER, GA 99, 272 (280)
[98] BAIER, a.a.O. (Fn. 97) m.w.N.
[99] NEUMANN, StV 97, 23 (25)
[100] so JÄHNKE, in: LK, § 20 Rn. 78; darstellend: KÜHL, AT, § 11 Rn. 9
[101] vgl. BGHSt 42, 233 (241); LENCKNER / PERRON, in: S/S § 20 Rn. 35a (m.w.N.); BAIER, GA 99, 272 (282); NEUMANN, a.a.O. (Fn. 99)
[102] NEUMANN, a.a.O. (Fn. 99)
[103] vgl. NEUMANN, a.a.O. (Fn. 99)
[104] so: LENCKNER / PERRON, in: S/S § 20 Rn. 35b

standsmäßiges Unrechtsverhalten anzusehen[105]. Weil in diesem Zeitpunkt der Täter auch noch schuldfähig ist, wäre ein Schuldvorwurf unproblematisch.
Der Arzt bei der PID hätte damit das Verwenden zu einem nicht der Erhaltung dienenden Zweck bereits durch das Eingehen des Behandlungsverhältnisses bewirkt.
Zunächst ist festzuhalten, daß die Tatbestandslösung immer dann versagt, wenn der Tatbestand nur durch bestimmte Handlungsweisen erfüllt werden kann, etwa bei den Verkehrsdelikten[106].
Weiter ist an dieser Konstruktion problematisch, daß sie nicht zu begründen in der Lage ist, warum das Setzen einer Ursache im Normalzustand die fehlende Handlungs- oder Schuldfähigkeit bei Erfüllung weiterer, tatunmittelbarer Bedingungen überspielen kann[107]. Dies zeige sich besonders in den Fällen der o.l.i.c., da hier anstelle der Feststellung der Kausalität eine Prüfung derselben nur hypothetisch unter Hinzudenken der gebotenen Handlung vorgenommen werde[108]. Weiter stellt § 8 StGB auf den Zeitpunkt ab, in dem der Täter hätte handeln müssen – dies ist aber erst dann der Fall, wenn er bereits handlungsunfähig ist. Bei der Herbeiführung der Handlungsunmöglichkeit hätte der Täter nämlich nicht etwa handeln, sondern die Herbeiführung unterlassen müssen[109].

(g) Keine Anwendbarkeit der o.l.i.c.

Da keines der genannten Modelle in der Lage sei, einheitlich eine Vorverlagerung der Unterlassensstrafbarkeit bei fehlender Handlungsmöglichkeit zu begründen, sei jedenfalls von der Rechtsfigur der o.l.i.c. Abschied zu nehmen[110]. Dann würde eine Strafbarkeit des die PID durchführenden Arztes bei Stehenlassen des Embryos durch Unterlassen entfallen.

(h) Stellungnahme

Versucht man mit STRUENSEE durch eine Ausweitung der Handlungsmöglichkeit zu einer Strafbarkeit zu gelangen, stößt man auf das Problem, daß dieses Modell nicht auf die a.l.i.c. übertragbar ist. Darüber hinaus zeigen sich weitere Schwachpunkte beim Versuch, den Zeitpunkt auszumachen, an dem es dem Täter unmöglich wird zu handeln. Im Falle der PID etwa liegt im Eingehen des Behandlungsverhältnisses bereits die Aufgabe wenigstens der rechtlichen Dispositionsfreiheit, denn hierbei wird von Beginn an die Dispositionsbefugnis über die Verpflanzung eingeschränkt. Allerdings wurde zu diesem Zeitpunkt noch kein Embryo erzeugt, der Schutzzweck von § 2 I ESchG also noch nicht tangiert.
Bezüglich der Modells, welche eine Ingerenzhaftung für den eigenen Körper vorsieht, ist über die bereits genannten Einwände hinaus festzustellen, daß der Erhalt

---

[105] statt vieler: Roxin, ATI, § 20, Rn 58; RUDOLPHI, in: SK, § 20 Rn. 28e u. 28f
[106] vgl. BGHSt 42, 235 (238); so auch BAIER, GA 99, 272 (281)
[107] BAIER, a.a.O. (Fn. 106)
[108] BAIER, a.a.O. (Fn. 106)
[109] BAIER, a.a.O. (Fn. 106)
[110] BAIER, GA 99, 272 (283)

der eigenen rechtlichen Dispositionsmöglichkeit als Pflicht noch schwerer zu begründen ist, als eine solche für den eigenen Körper. Aufgrund der Besonderheiten des ärztlichen Heileingriffs liegt im Eingehen eines Behandlungsverhältnisses immer die Aufgabe der Dispositionsfreiheit, so daß eine weite Ausuferung der Strafbarkeit droht.

Zeigen sich schon bei den originären Begründungsversuchen zur o.l.i.c. Lücken, so gilt dies in noch größerem Maße beim Rückgriff auf die zur a.l.i.c. entwickelten Ansätze:

Neben den bereits genannten Einwänden gegen das Tatbestandsmodell ist anzumerken, daß es nicht einleuchtet, warum der Arzt bei der PID sein eigenes Werkzeug sein soll. Richtigerweise ist ein Begehen durch Unterlassen in mittelbarer Täterschaft nicht möglich – der Arzt hätte nämlich nur dann Tatherrschaft über das Geschehen, wenn er Einfluß auf die Entscheidung der Patientin nehmen könnte, was aber durch ein bloßes Unterlassen nicht möglich ist[111].

Hinsichtlich der Ausnahmelösung wird insbesondere im Fall der PID deutlich, daß zur Bestrafung hier widersinnig an ein Tun angeknüpft wird, welches sich nicht ausschließlich als Unterlassen darstellt, obwohl eine Unterlassensstrafbarkeit angenommen werden soll[112]:

Der Schuldvorwurf richtet sich gegen das Eingehen des Behandlungsverhältnisses, also ein aktives Tun, wohingegen das Stehenlassen, also ein Unterlassen als tatbestandlich zu betrachten wäre.

Als ausschlaggebend dürfte hingegen die Unvereinbarkeit mit Art. 103 II GG anzusehen sein, die beim gegenwärtigen Wortlaut von § 20 StGB die verschiedenen Begründungsansätze zur Ausnahmelösung nicht auszuräumen vermögen, weshalb auch die Anwendung des Ausnahmemodells letztlich scheitert.

Damit bleibt noch die Tatbestandslösung zur Herleitung übrig. Wiederum zeigen sich die Probleme dieses Ansatzes deutlich bei der Anwendung auf die PID:

Wie bereits erwähnt hätte der Arzt das Verwenden zu einem nicht der Erhaltung dienenden Zweck bereits durch das Eingehen des Behandlungsverhältnisses bewirkt. Das Eingehen des Behandlungsverhältnisses ist jedoch nicht gleichbedeutend mit dem Verwenden des Embryos. Hier ist in Analogie zu den Ausführungen des BGH[113] einzuwenden, daß bei Tatbeständen, die ein Verhalten verbieten, das nicht auch als die Herbeiführung eines dadurch verursachten, von ihm trennbaren Erfolges begriffen werden kann, eine Anwendung des Tatbestandsmodells ausgeschlossen ist. Selbst wenn man das Verwenden nach § 2 I ESchG weit als jegliche Zustandsveränderung des Embryos auffaßt, muß man zu dem Schluß kommen, daß im Eingehen des Behandlungsverhältnisses eine Veränderung des Embryos nicht bewirkt wird.

---

[111] vgl. zur Frage der Beherrschung des Werkzeugs auch: BAIER, GA 99, 272 (280)

[112] allgemein zur Unvereinbarkeit mit der Unterlassensdogmatik: BAIER, GA 99, 272 (282)

[113] vgl. Formulierung in BGHSt 42, 235 (239)

Es läßt sich damit festhalten, daß keiner der genannten Ansätze eine Anwendung der o.l.i.c. überzeugend zu begründen vermag, daher ist der Meinung zu folgen, welche die Anwendbarkeit der o.l.i.c. insgesamt ausschließt.

iv. Zusammenfassung zum 3. Teil: A. III. 3. d.

Eine Strafbarkeit des Arztes durch Unterlassen scheidet damit bei der PID aus, sofern die Patientin die Übertragung des Embryo verweigert.

4. Verstoß gegen § 6 ESchG

Da die entnommene Zelle nicht mehr totipotent ist, liegt gem. § 8 I ESchG kein Embryo vor, folglich scheidet ein Verstoß gegen § 6 I ESchG aus.

IV. Zusammenfassung zum 3. Teil: A.

Die PID an totipotenten Zellen ist nach §§ 2 I und 6 I ESchG strafbar, an pluripotenten Zellen hingegen besteht eine Strafbarkeit nach § 2 I 4. ESchG.
Damit läßt sich festhalten, daß die PID nach dem ESchG in jeglicher Form strafbewährt, und somit verboten ist.

B. Verfassungsrechtliche Bewertung der PID

Zugunsten der Frage, ob man die PID erlauben dürfe, wird in der juristischen Literatur immer wieder vernachlässigt, ob ein Verbot derselben überhaupt Bestand haben kann[114].

Grundsätzlich obliegt es dem Ermessen des Gesetzgebers, Gemeinwohlinteressen zu formulieren, die er für schützenswert hält[115]. Dies erfolgt zunächst in Form einer Verhaltensvorschrift, zu deren Durchsetzung weiter auf eine Sanktionsvorschrift zurückgegriffen werden kann[116].
Erstere dient dazu, ein bestimmtes Verhalten (Tun oder Unterlassen) zu ver- oder gebieten[117], letztere ermächtigt hingegen zu einem staatlichen Vorwurf wegen Verstoßes gegen die Verhaltensnorm und bei Übertretung dieser zur Verhängung eines Sanktionsmittels[118].
Den Grundrechten kommen hierbei zwei Aufgaben zu, einerseits grenzen sie als Abwehrrechte gegen staatliches Handeln negativ die Bereiche aus, welche staatlichem Zugriff verweigert sind, andererseits bedingen sie staatliche Schutzpflichten, die auf Sicherung der jeweiligen Grundrechtspositionen ausgerichtet sind[119].

Es soll daher zunächst untersucht werden, unter welchen Voraussetzungen und in welchem Rahmen ein Verbot der PID nach §§ 2 I und 6 I ESchG mit den Grundrechten der betroffenen Paare - als Abwehrrechte gegen staatliches Handeln - vereinbar ist.

Es ist im folgenden zu prüfen, ob und welche Schutzbereiche betroffen sind, ob eine verfassungsrechtliche Rechtfertigung vorliegt, und schließlich, ob die Eingriffe auch dem Grundsatz der Verhältnismäßigkeit entsprechen.

Hierbei ist zu beachten, daß sich die Rechtmäßigkeit der Verhaltensnorm an den betroffenen Grundrechten der einzelnen Betroffenen[120], die Sanktionsnorm sich hingegen am allgemeinen Persönlichkeitsrecht und am Freiheitsrecht mißt[121].

Im folgenden ist daher zuerst die Rechtmäßigkeit der Verhaltensnorm zu überprüfen und dann gegebenenfalls auf die der Sanktionsnorm einzugehen – es ist also die

---

[114] so auch: HUFEN, MedR 01, 440 (442)
[115] LAGODNY, Schranken, S. 162
[116] LAGODNY, Schranken, S. 79
[117] LAGODNY, a.a.O. (Fn. 116)
[118] LAGODNY, Schranken, S. 129
[119] LAGODNY, Schranken, S. 12 f.
[120] LAGODNY, Schranken, S. 95
[121] LAGODNY, Schranken, S. 450

Frage danach, ob die PID generell durch den Gesetzgeber verboten werden kann, davon zu trennen, ob er sich bei der Durchsetzung dieses Verbots strafrechtlicher Mittel bedienen darf.

I. Eröffnung der Schutzbereiche

Zunächst ist zu prüfen, welche grundrechtlichen Schutzbereiche betroffen sind.

1. Leben und Gesundheit bei den Eltern

Da die körperliche und seelische Integrität der Frau durch eine Schwangerschaft berührt wird, könnte auch ein Schutzanspruch aus Art. 2 II GG der Schwangeren auf Verhinderung jeglicher gesundheitsbeeinträchtigender oder -riskierender Maßnahmen im Rahmen der ärztlichen Behandlung bestehen.
Der dabei bestehende Schutz vor seelischen und körperlichen Leiden wäre durch Art. 2 II GG[122], möglicherweise auch durch Art. 1 GG gewährleistet, sofern sich diese als menschenwürdeverletzend darstellen.
Soweit durch Einpflanzen des Embryos die Gesundheit der Mutter gefährdet wird, ist es erforderlich, ihr die Kenntnis aller verfügbaren Informationen zu gestatten. Nur so kann eine eigenbestimmte Entscheidung über spätere Beeinträchtigung der seelischen oder/und körperlichen Integrität gewährleistet werden.

2. Ehe und Familie bei den Eltern

Hier kommt zunächst der aus Art. 6 I GG gewährte Schutz von Ehe und Familie in Betracht, wobei unter Familie der enge, Eltern und Kinder umfassende Begriff gemeint ist[123]. Dieses Recht stelle sich nicht als Teilhaberecht, sondern als Abwehrrecht gegen ein staatliches Verbot dar, sei es ein Zeugungsverbot oder ein Verbot von Maßnahmen zur künstlichen Befruchtung[124].
Auch umfasse es eine grundlegende Entscheidungsfreiheit der Eltern dahingehend, wann sie Kinder haben wollen und wie viele, also auch die negative Grundrechtsausübung in Form der Frage, ob sie zu einem gegebenen Zeitpunkt *kein* Kind haben wollen[125].

3. Allgemeines Persönlichkeitsrecht bei den Eltern

Weiter kommt ein Verstoß gegen das Recht auf informationelle Selbstbestimmung, hergeleitet aus Art. 2 I i.V.m. Art. 1 GG[126], in Betracht.

---

[122] vgl. MURSWIEK, in: SACHS, Art. 2 Rn. 154; SCHMIDT-BLEIBTREU/KLEIN, GG, Art. 2 Rn. 22
[123] vgl. BVerfGE 48, 327 (339); BADURA, in: MAUNZ/DÜRIG, Art. 6 Rn. 3; SCHMIDT-BLEIBTREU/KLEIN, GG, Art. 6 Rn. 1b
[124] HUFEN, a.a.O. (Fn. 114)
[125] HUFEN, MedR 01, 440 (442 f.)
[126] HUFEN, MedR 01, 440 (443); vgl. ferner DI FABIO, in: MAUNZ/DÜRIG, Art. 2 I Rn. 175

In den genetischen Informationen des Embryos enthalten sind auch Informationen über das Erbgut der Eltern selbst.
Daneben könnte noch ein grundlegendes, in Verbindung mit Art. 6 bestehendes Recht auf Kenntnis der wesentlichen Daten und Informationen bezüglich der Identität und Gesundheit des Kindes bestehen[127], insbesondere da diese Informationen Vorbedingungen für die Ausübung der Selbstbestimmung über körperliche Integrität und Gesundheit der Mutter sind und z.B. für die Frage nach einer Abtreibung relevant wären.

4. Berufsfreiheit / Wissenschaftsfreiheit beim Arzt

Möglicherweise könnten beim ausführenden Arzt das Grundrecht auf Berufsfreiheit und, sofern methodische Verbesserungen der PID oder anderer frühembryonal zu gewinnender Erkenntnisse im Raum stehen, auch die Wissenschaftsfreiheit betroffen sein[128].
Im Rahmen der vorliegenden Arbeit soll jedoch besonderes Augenmerk auf die Grundrechtspositionen der Eltern gelegt werden, welche in viel höherem Maße betroffen sind, als die des Arztes. Insbesondere die Frage, inwieweit bei der PID an totipotenten Zellen ein Konflikt mit dem Klonierungsverbot besteht, soll nicht Gegenstand der Untersuchung sein. Daher erfolgt keine Prüfung der Grundrechtspositionen des Arztes.

II. Eingriffe in die betroffenen Schutzbereiche

Es müßte auch ein Eingriff in die eröffneten Schutzbereiche vorliegen.

1. Eingriffe in Grundrechtspositionen der Eltern

Unter Grundrechtseingriff versteht man ein finales staatliches Handeln durch Rechtsakt, das mit Befehl und Zwang durchsetzbar ist und unmittelbar das grundrechtlich geschützte Verhalten einschränkt[129].
Finales staatliches Handeln durch Rechtsakt liegt in Form des ESchG und des darin enthaltenen Verbots der PID vor, welches gerade aufgrund seines strafrechtlichen Charakters auch mit Befehl und Zwang durchsetzbar ist.
Allerdings wird bereits durch spezielle Befugnisnormen des Polizeirechts oder durch die „öffentliche Sicherheit“ der polizeirechtlichen Generalklausel eine Ermächtigung für staatliches Handeln wegen Verstoßes gegen die Verhaltensnorm begründet[130] - ein nicht strafrechtliches Verbot der PID wäre also auch mit Befehl und Zwang durchsetzbar.

---

[127] HUFEN, a.a.O. (Fn. 126)
[128] BÖCKENFÖRDE-WUNDERLICH, Rechtsproblem, S. 220; HUFEN, MedR 01, 440 (444)
[129] ISENSEE, in: ISENSEE/KIRCHHOF § 111 Rn. 61; LAGODNY, Schranken, S. 97; SACHS, in: DERS., vor Art. 1, Rn. 80
[130] LAGODNY, Schranken, S. 275

Als Einschränkung grundrechtlich geschützten Verhaltens kommen folgende Umstände in Betracht:

a. Gesundheitsgefährdung der Mutter

Bei Nichtvornahme der PID besteht je nach Sachverhalt weiterhin eine Gesundheitsgefährdung der Mutter, sei es durch Komplikationen, die sich während der Schwangerschaft aus dem Gesundheitszustand des Kindes ergeben oder aufgrund der psychischen Belastungen der Eltern, die mit Gedanken, ein behindertes Kind auszutragen und zu pflegen einhergehen (und sich auch in physischen Beeinträchtigungen niederschlagen können). Hierbei wäre neben dem Recht auf körperliche Unversehrtheit der Mutter nach Art. 2 II S. 1 GG im Falle der zu erwartenden psychischen Leiden möglicherweise auch Art. 1 GG beeinträchtigt, sofern ein staatlicher Zwang in der Beschränkung auf entweder den Verzicht oder das Eingehen des Risikos einer solchen Schwangerschaft sich als würdeverletzend darstellt.

b. Einschränkung des Kinderwunsches

Durch die Versagung einer PID wäre im Falle eines Risikopaares die freie Entscheidung über das ob und wie des Kinderwunsches betroffen, da für diese Paare nur entweder das Risiko eines (mitunter zweiten) behinderten Kindes oder eben der Verzicht auf weitere Kinder bliebe. Dies würde einen Eingriff in Art. 6 I GG darstellen.

c. Vorenthalten der genetischen Anlagen der Embryos

Da die Diagnose des Embryos auch Informationen über die genetischen Anlagen der Eltern gibt, würden sie diesen vorenthalten bleiben.
Darüber hinaus würde die PID, wie bereits angesprochen, auch Aufschluß über die Entwicklung des Gesundheitszustandes der künftig Schwangeren geben und wäre damit eine wichtige Information und Entscheidungshilfe für den Entschluß zum Beginn einer Schwangerschaft, was eine Einschränkung des Rechts auf informationelle Selbstbestimmung darstellen könnte.
Hierunter versteht man zunächst das Recht des Einzelnen zu entscheiden, wann und innerhalb welcher Grenzen persönliche Lebenssachverhalte offenbart werden[131].
Sofern dieses Grundrecht nicht nur die Entscheidung über die Verwendung der eigenen Daten erfaßt, sondern daneben auch eine Informationsgewinnung dieser gewährleistet[132], könnte sich hieraus eine Einschränkung des Rechts auf informationelle Selbstbestimmung ergeben.
So wird vertreten, daß aus dem Recht auf informationelle Selbstbestimmung auch ein Selbstbestimmungsrecht der Patientin, insbesondere bezüglich der damit ver-

---

[131] BVerfGE 65, 1 (41f.); BVerfGE 80, 367 (373);
[132] dies ausdrücklich bejahend: HUFEN, a.a.O. (Fn. 126) m.w.N.

bundenen Daten, erwächst[133]. Eine umfassende Selbstbestimmung muß aber neben dem Recht auf Nichtwissen relevanter eigener genetischer und medizinischer Daten[134] auch die Kehrseite, also das Recht auf umfassende Kenntnisnahme derselben beinhalten - Kenntnisnahme und Verweigerung derselben bilden hierbei nur zwei gegensätzliche Ausprägungen desselben Vorgangs, nämlich der Selbstbestimmung[135]. Wenn sogar ein privatrechtlicher Anspruch auf Einsichtnahme der eigenen Patientenakte aus Art. 2 I GG über § 242 BGB abgeleitet wird[136], muß doch erst recht ein verfassungsrechtlicher gegenüber staatlichen Einschränkungen der Kenntnisnahme relevanter medizinischer Daten bestehen.

2. Zwischenergebnis zum 3. Teil: B. II. 1.

Damit läßt sich festhalten, daß Eingriffe in das Grundrecht aus Art. 2 II S. 1, je nach Sachverhalt auch i.V.m. Art. I, Art. 6 I sowie Art. 2 I i.V.m. Art. I GG durch ein Verbot der PID vorliegen.

III. Verfassungsrechtliche Rechtfertigung der Eingriffe

Eine Beeinträchtigung des Schutzbereichs eines Grundrechts allein bedeutet noch nicht die Verfassungswidrigkeit des Eingriffs, möglicherweise könnte eine verfassungsrechtliche Rechtfertigung vorliegen. Bei Grundrechten mit Gesetzesvorbehalt kommt hierbei das Untersagen der PID durch das ESchG in Betracht, aber neben diesem einfachgesetzlichen Verbot auch möglicherweise betroffene Grundrechtspositionen Dritter.
Daher ist nun zu prüfen, welchen Schranken die beeinträchtigten Grundrechte unterworfen sind.

1. Leben und Gesundheit der Mutter

Das Recht auf körperliche Unversehrtheit kann gem. Art. 2 II S.3 GG im Rahmen eines einfachen Gesetzesvorbehaltes eingeschränkt werden. Als Schranken kommen hierbei in Betracht:

a. Embryonenschutzgesetz

Hinsichtlich der formellen und materiellen Verfassungsmäßigkeit des ESchG bestehen keine Zweifel. Damit ist das ESchG als eine Schranke zu Art. 2 II S. 1 GG anzusehen.
Neben dem ESchG kommen auch eventuell bestehende Grundrechtspositionen des Embryos in Betracht.

---

[133] vgl. DI FABIO, in: MAUNZ/DÜRIG, Art. 2 I Rn. 204
[134] vgl. hierzu DI FABIO, in: MAUNZ/DÜRIG, Art. 2 I Rn. 192
[135] vgl. hierzu HUFEN, a.a.O. (Fn. 126) m.w.N.
[136] vgl. dazu DI FABIO, in: MAUNZ/DÜRIG, Art. 2 I Rn. 139

b. Grundrecht auf Leben und körperliche Unversehrtheit des Embryos

Möglicherweise könnte dem Embryo in vitro ein grundrechtlicher Schutz aus Art. 2 GG zukommen. Eine Verletzung dieses Grundrechts könnte durch die Entnahme der zu untersuchenden Zellen, die Diagnose derselben oder das Verwerfen des Embryos nach vollzogener Untersuchung zu sehen sein. Bevor festgestellt werden kann, worin eine Verletzung dieses Grundrechts zu sehen sein könnte, ist jedoch zunächst zu prüfen, ob ein solcher Schutz überhaupt besteht.
Daher sollen nachfolgend die verfassungsrechtlichen Quellen diesbezüglich untersucht werden.

i. Verfassungstext

Aus dem Wortlaut von Art. 2 GG läßt sich hierfür keine klare Antwort finden. Zwar spricht Art. 2 II GG von „jedem", dies allein ist jedoch für die normative Bestimmung des Inhalts von Art. 2 II GG unzureichend[137]. Auch eine systematische Auslegung von Art. 2 II GG an seiner Position im Gesetzestext muß scheitern, da es sich um eine fundamentale Norm handelt, deren Vorliegen für die Gewährung der weiteren Grundrechte vorausgesetzt wird[138].
Weiter könnte man an eine teleologische Auslegung, also orientiert am Sinn, denken. Eine solche ist jedoch ohne vorherige Entscheidung für den einen oder anderen Sinngehalt nicht möglich, es droht ein Zirkelschluß[139].
So bleibt noch die historische Auslegung. Hier stellt sich das Problem, daß die Frage, ob auch das „keimende Leben" vom Schutz des Art. 2 II GG vom Verfassungsgesetzgeber offengelassen wurde[140].
Keine der juristischen Auslegungsmethoden bietet eine aus der Norm ableitbare Antwort auf die Frage, ob auch das keimende Leben, also der Embryo, von Art. 2 II GG erfaßt wird.
Somit läßt sich festhalten, daß das Grundgesetz selbst keine eindeutigen Anhaltspunkte für die rechtliche Bewertung des vorgeburtlichen bzw. exkorporalen Lebensschutzes liefert[141].

ii. Judikatur des BVerfG

Neben dem Verfassungstext kann weiterhin die Rechtsprechung des BVerfG herangezogen werden, welche sich in mehreren Urteilen mit der Frage des vorgeburtlichen Lebensschutzes auseinandergesetzt hat. Zur Veranschaulichung der Argu-

---

[137] BÖCKENFÖRDE-WUNDERLICH, Rechtsproblem, S. 161; GIWER, Rechtsfragen, S. 63 f.; HOERSTER, Embryonenschutz, S. 39; SCHNEIDER, Aspekte, S. 109; ohne Begründung, jedoch im Ergebnis wohl übereinstimmend: DJIE, PID aus rechtliche Sicht, S. 10
[138] vgl. MERKEL, Forschungsobjekt Embryo, S. 27 f.
[139] MERKEL, Forschungsobjekt Embryo, S. 27
[140] ausführlich dazu GIWER, Rechtsfragen, S. 64 f. und MERKEL, Forschungsobjekt Embryo, S. 28
[141] MERKEL, Forschungsobjekt Embryo, S. 34; SCHNEIDER , Aspekte, S. 109

mentation sollen daher zunächst noch einmal grundlegende Feststellungen der Urteile aufgelistet werden:

(1) Erstes Abtreibungsurteil des BVerfG

In seinem Urteil von 1975[142] hat das BVerfG betont:

1. Das sich im Mutterleib entwickelnde Leben sei ein eigenständiges Rechtsgut unter dem Schutz der Verfassung, namentlich der Art. 2 II S.1, Art. 1 I GG; es verböten sich nicht nur staatliche Eingriffe in das entwickelnde Leben, sondern darüber hinaus bestehe auch eine staatliche Schutzpflicht desselben.
2. Diese Schutzpflicht bestehe auch gegenüber der Mutter.
3. Der Lebensschutz des Nasciturus genieße weiterhin grundsätzlich Vorrang vor dem Selbstbestimmungsrecht der Schwangeren.
4. Die grundgesetzlich gebotene rechtliche Mißbilligung der Abtreibung könne weiterhin auch mit anderen Mitteln als denen der Strafandrohung zum Ausdruck gebracht werden.

(2) Zweites Abtreibungsurteil des BVerfG

Im zweiten Urteil zum Schwangerschaftsabbruch[143] heißt es dann:

1. Das GG verpflichte den Staat, auch das ungeborene menschliche Leben zu schützen.
2. Die Rechtsordnung müsse die rechtlichen Voraussetzungen seiner Entfaltung im Sinne eines eigenen Lebensrechts des Ungeborenen gewährleisten.
3. Dieses Lebensrecht werde nicht erst durch die Annahme seitens der Mutter begründet.
4. Die Schutzpflicht sei bezogen auf das einzelne Leben, nicht auf menschliches Leben allgemein.
5. Der rechtliche Schutz komme dem Ungeborenen auch gegenüber der Mutter zu.
6. Der Schwangerschaftsabbruch müsse für die ganze Dauer der Schwangerschaft grundsätzlich als Unrecht angesehen werden und demgemäß rechtlich verboten sein.

(3) Zur Deutung der Urteile

Im Verfassungsrecht unterscheidet man zwischen verschiedenen Schutznormtypen. So gibt es einerseits die subjektive Abwehrfunktion der Grundrechte als staatliche Unterlassungspflichten[144], andererseits die ebenfalls subjektive Funktion der Grundrechte als staatliche Handlungs-, genauer Schutzpflichten, welche auch Be-

drohungen im Verhältnis der Bürger untereinander beinhalten[145]. Bei letzteren ist zu beachten, daß sie auch als „objektivrechtliche Wertentscheidungen der Verfassung" bezeichnet werden, denen jedoch echte subjektive Rechte des Bürgers gegen den Staat korrespondieren[146].
Daneben gibt es noch einen dritten Typ, welcher einen rein objektiv-rechtlichen Schutz entfaltet, der außerhalb jeglicher individueller Beeinträchtigung liegt[147].

Für die Frage danach, ob eine verfassungsrechtliche Rechtfertigung für ein Verbot der PID besteht, kann es zwar zunächst dahinstehen, welche Zuordnung das BVerfG in seinen beiden Urteilen vornimmt, solange es nur irgendeine solche vorsieht.
Zur Prüfung der Frage, ob eine der Formen vorliegt, ist es jedoch im Sinne einer strukturierten und verständlicheren Darstellung der Argumentationsketten förderlich, eine solche Unterscheidung vorzunehmen. Im folgenden soll daher zunächst geprüft werden, ob ein subjektives Lebensrecht des Embryos besteht.

(4) Subjektives Lebensrecht des Embryos

Diesbezüglich und zur Deutung der beiden genannten Urteile des BVerfG gibt es unterschiedliche Ansätze in der Literatur.

(a) Indizfunktion der Rechtssprechung des BVerfG

So beruft sich eine Ansicht darauf, daß die Entscheidungen des BVerfG jeweils nur für den Embryo ab Nidationsreife gelten, die Frage nach dem Beginn des Lebensrechts durch das Gericht gänzlich unentschieden und daher für eine jeweilige Auslegung durch die verfassungsrechtliche Lehre offen sei[148].
Unter Berufung darauf, daß sich keine natürlichen Entwicklungszäsuren in den verschiedenen Ansätzen zur Statusbestimmung des Embryos finden ließen, und weil das Tatbestandselement „Leben" auf einen naturwissenschaftlichen Sachverhalt verweise, sei der Embryo ab Konjugation zu schützen, wofür auch spräche, daß es sich um einen kontinuierlichen Entwicklungsprozeß handele[149]. Darüber hinaus kenne Art. 2 II GG keinen reinen personellen Lebensschutz, sondern schütze jegliche physische (menschliche) Existenz[150]. Weiter spreche auch der Grundsatz der

---

[145] MERKEL, Forschungsobjekt Embryo, S. 38; PIEROTH/SCHLINK, Staatsrecht, § 4 II 2., Rn. 84
[146] MERKEL, a.a.O. (Fn. 145) m.w.N.; PIEROTH/SCHLINK, Staatsrecht, § 4 II 1., Rn. 75; TERWIESCHE, objektives Verfassungsrecht, S. 33 f.
[147] ALEXY, Der Staat 90, 49 (68); MERKEL, Forschungsobjekt Embryo, S. 39; eine solche Funktion vorraussetzend: REIMER, Verfassungsprinzipien, S. 273 ff.; TERWIESCHE, objektives Verfassungsrecht, S. 34
[148] GIWER, Rechtsfragen, S. 64
[149] GIWER, Rechtsfragen, S. 77; ähnlich auch SACKSOFSKY, KJ 03, 273 (277 f.)
[150] BECKMANN, ZRP 03, 97 (101); GIWER, a.a.O. (Fn. 96)

„Grundrechtseffektivität“ für einen Schutz ab Konjugation, da nur so die Norm ihre stärkste Wirkungskraft entfalte[151].

Zum Teil wird von den Vertretern dieser Auffassung dabei ein abgestuftes Lebensrecht des Embryos angenommen, welches je nach Entwicklungsstand unterschiedlich stark ausgeprägt sein soll[152].

(b) Schutzpflichtendogmatik des BVerfG

Nach anderer Ansicht seien die Urteile des BVerfG jedenfalls so auszulegen, daß eine staatliche Schutzpflicht für das ungeborene Leben bestehe[153]. Weiter könne diese Schutzpflicht auch subjektive Rechte gewähren, was vom Inhalt und Umfang des tangierten Schutzgutes abhänge[154]. Als eines der betroffenen Schutzgüter komme das Lebensrecht in Betracht, sofern dieses auch dem frühen Embryo zukomme[155].

Als Zeitpunkt des Beginns des Lebensschutzes wird dann die Kernverschmelzung ermittelt.

Dies ergebe sich zum einen unter Rückgriff auf das Potential des frühen Embryos, weiterhin aus seiner „numerischen Identität“ - was nichts anderes darstellt, als die genetische Individualisierung[156] - mit dem späteren geborenen Menschen sowie aus Gründen der Normeffizienz[157].

(c) Kein Grundrechtsschutz des Embryos

Schließlich bleibt die Möglichkeit, daß dem Embryo überhaupt kein subjektiver Grundrechtsschutz zukommen könnte.

Bei der Untersuchung der Art und des Umfangs eines Grundrechtsschutzes des Embryos sind als zentrale Fragen zum einen zu berücksichtigen, ob und in welchem Maße die beiden Urteile zum Schwangerschaftsabbruch auch zur Bestimmung des Status des frühen Embryos herangezogen werden können, zum anderen, welche Konsequenz sich aus dem zum Teil behaupteten Widerspruch zwischen umfassendem Schutz des Embryos und den Aussagen zum Schwangerschaftsabbruch ergeben.

Sollte es sich als zutreffend erweisen, daß ein Widerspruch zwischen einem subjektiven Lebensrecht des Embryos einerseits und den durch das BVerfG aufgestellten

---

[151] GIWER, Rechtsfragen, S. 77 f.

[152] DREIER, ZRP 02, 377 (378); HERDEGEN, JZ 01, 773 (775); HÖRNLE, GA 02, 658 (661); SACKSOFSKY, KJ 03, 273 (279 f.)

[153] SCHNEIDER, Aspekte, S. 96 f.

[154] SCHNEIDER, Aspekte, S. 97

[155] SCHNEIDER, Aspekte, S. 97 f.

[156] zum Begriff „numerische Identität“ besonders: SCHNEIDER, Aspekte, S. 120 – womit wohl nichts anderes gemeint ist, als die genetische Ausdifferenzierung und Übereinstimmung des entstehenden Lebewesens

[157] SCHNEIDER, Aspekte, S. 122 f.

Forderungen für den Schwangerschaftsabbruch besteht, so hätte dies auch auf die beiden zuvor dargestellten Ansätze, welche ein subjektives Lebensrecht des Embryos bejahen wollen, Auswirkungen. Ist nämlich der Embryo schon ab Nidationsreife nicht Inhaber eines subjektiven Lebensrechts, läßt es sich nur schwerlich für den frühen Embryo ab Konjugation begründen.

Möglicherweise könnte jedoch trotz dieses Widerspruchs ein Lebensrecht des Embryos bestehen, wenn entweder eine Rechtfertigung für den Schwangerschaftsabbruch bestünde oder dieser rechtswidrig, aber straffrei wäre[158]. Hiergegen wendet sich MERKEL und begründet die Nichtexistenz einer abtreibungsspezifischen Rechtfertigung wie folgt:
Erstens verbiete sich der Rückgriff auf die behauptete Einzigartigkeit des Konflikts. Denn einerseits stelle die bloße Berufung hierauf, ohne die normative Besonderheit dieser Konstellation hervorzuheben, einen klassischen Fall des naturalistischen Fehlschlusses dar, andererseits seien durchaus vergleichbare Konfliktkonstellationen denkbar, etwa bei Siamesischen Zwillingen, bei denen ebenfalls eine biologische Abhängigkeit bestehe, ohne daß man aus dieser normativen Besonderheit ein Tötungsrecht ableiten könne[159].
Zweitens könne auch die Figur des Defensivnotstandes keine Rechtfertigung gewähren, da es an einer Verantwortlichkeit des Embryos für die Herbeiführung des Konflikts fehle, was jedoch eine grundlegende Voraussetzung dieser Rechtfertigungsfigur sei[160].
Drittens lasse sich eine Abtreibung auch nicht durch Effektivitätsüberlegungen bezüglich der Beratungslösung rechtfertigen[161]. Denn wollte man die Abtreibung aufgrund der (empirisch ohnehin anzweifelbaren) besseren Effektivität der Beratungslösung rechtfertigen, so geschähe dies aufgrund von utilitaristischen bzw. konsequentialistischen Beweggründen, welche mit der individuellen Funktion der Freiheitsrechte unvereinbar seien[162].

Weiter bestehe zwischen dem „Rechtswidrigkeitsverdikt der Abtreibung“ und der im zweiten Urteil angeordneten Verpflichtung des Staates zur Schaffung von Einrichtungen zur Vornahme von Abtreibungen ein unlösbarer Widerspruch[163], und in der genannten Anordnung sowie deren Umsetzung eine Derogation des Rechtswidrigkeitsverdikts nach dem lex posterior Grundsatz, weshalb auch die Annahme der Rechtswidrigkeit einer straffreien Abtreibung sich nicht begründen lasse[164].

---

158 darstellend: MERKEL, Forschungsobjekt Embryo, S. 87 f.
159 MERKEL, Forschungsobjekt Embryo, S. 90 ff.
160 MERKEL, Forschungsobjekt Embryo, S. 94
161 MERKEL, Forschungsobjekt Embryo, S. 106
162 MERKEL, Forschungsobjekt Embryo, S. 103
163 MERKEL, Forschungsobjekt Embryo, S. 75; ebenso: HILGENDORF, MedR 94, S. 429 (432); ANTOINE, ZfL 01, S. 16 (19); SENDLER, NJW 01, S. 2148 (2148)
164 MERKEL, Forschungsobjekt Embryo, S. 76; so auch JAKOBS, Schriftenreihe der Juristen-Vereinigung Lebensrecht e.V. (Bd. 17) 00, S. 17 (35)

Aus der Nichtexistenz einer Rechtfertigung für die Abtreibung einerseits und der Derogation durch die Rechtmäßigkeit der Abtreibung andererseits schließt MERKEL, daß de lege lata kein grundrechtlicher Lebensschutz des Embryos bestehe[165]. Da aber auch der Einsatz von Nidationshemmern nicht verboten sei, bleibe nur der Schluß, daß es ein subjektives Lebensrecht auch des frühesten Embryos nicht gebe[166].

(d) Stellungnahme

Entscheidend hierfür ist die Deutung der beiden Urteile des BVerfG, insbesondere dessen, was von JAKOBS als „gewaltiger Selbstwiderspruch" bezeichnet wird[167]: Wie können das Postulat einer durchgehenden Rechtswidrigkeit der Abtreibung auf der einen Seite und die zur Abtreibungen angeordneten Regelungen auf der anderen Seite gleichzeitig bestehen? Genauer: wie kann bei bestehender, fortdauernder Rechtswidrigkeit der Abtreibung der Abtreibungsvertrag zwischen Schwangerer und Arzt wirksam, jede Nothilfe zugunsten des Embryos verboten sein, ein Anspruch auf Lohnfortzahlung bestehen, das Schaffen von Einrichtungen zur Vornahme von Schwangerschaftsabbrüchen angeordnet werden und die ärztliche Tätigkeit beim beratenden Schwangerschaftsabbruch von Art. 12 GG geschützt sein[168]?
Gerade die an den Staat ergangene Anordnung zur Schaffung eines ausreichenden Angebots von Abtreibungseinrichtungen wäre dann nichts anderes als eine Unterstützung zur massenhaften rechtswidrigen Tötung grundrechtsgeschützten Lebens[169].
JAKOBS führt diesen Gedanken noch weiter, wenn er dies als „Aufforderung an den Staat zur Mitwirkung bei der Zerstörung der Struktur der Gesellschaft [...] oder aber die Preisgabe des eben nur nominell durchgehaltenen Postulats der Rechtswidrigkeit der Abtreibung" ansieht[170]. Freilich läßt sich der dargestellte Widerspruch nicht durch die Deutung als Aufforderung des BVerfG zur staatlichen Pflicht rechtswidrigen Handelns auflösen, wohl aber, wenn man darin eine Aufgabe des Postulats der Rechtswidrigkeit sieht[171].

Diese Widersprüchlichkeit wird auch von den Verfechtern eines subjektiven Lebensrechts des Embryos gesehen und in verschiedener Weise bewertet.

---

[165] MERKEL, Forschungsobjekt Embryo, S. 112
[166] MERKEL, Forschungsobjekt Embryo, S. 60 ff.; ähnlich FROMMEL, KJ 00, S. 341 (345); DIES., Reproduktionsmedizin, S. 158 (173)
[167] Jakobs, JR 00, S. 404 (407); ähnlich: HOERSTER, Embryonenschutz, S. 62
[168] MERKEL, Forschungsobjekt Embryo, S. 66
[169] MERKEL, Forschungsobjekt Embryo, S. 67
[170] JAKOBS, a.a.O. (Fn. 167)
[171] MERKEL, a.a.O. (Fn. 169)

So verkenne nach einer Ansicht jeder, der aus dem Verzicht einer strafrechtlichen Sanktion Schlüsse über das Bestehen einer Schutzpflicht und deren Umfang ziehe, die dogmatische Trennung von Tatbestands- und Rechtsfolgenebene, welche unabhängig voneinander zu betrachten seien[172]. SCHNEIDER unterscheidet aber nicht zwischen objektiven Schutzpflichten mit korrespondierenden subjektiven Grundrechten und rein objektiv-rechtlichen Schutzpflichten, weshalb diese Auffassung dann auch zu dem Schluß kommt, daß eine Unterscheidung der Art des Schutzgehalts hier entbehrlich sei[173]. Dies ist aber nur für die Unterscheidung zwischen subjektiven und objektiven Rechten mit subjektiver Entsprechung zutreffend.
Weiterhin ist die Kritik SCHNEIDERS zunächst nur gegen jene gerichtet, die den dargestellten Widerspruch schlichtweg als Anerkennung eines abgestuften Lebensschutzkonzepts sehen wollen. Daß sich die erwähnten Anordnungen des BVerfG auch als eine Preisgabe des Rechtswidrigkeitspostulats und weiter eine als Preisgabe jeglichen Lebensschutzes vorgeburtlichen Lebens deuten ließen, wird dahingehend umgedeutet, daß dies lediglich eine Durchbrechung des Prinzips der Trennung von „Tatbestands-" und „Rechtsfolgenebene" darstellen könne[174]. Da die Möglichkeit eines rein objektiv rechtlichen Schutzes nicht erörtert wird, ist diese Kritik auch nur bedingt tragfähig.
Gerade von MERKEL als einem der eindringlichsten Verfechter des „Preisgabearguments" wird im übrigen keineswegs behauptet, daß beim Lebensschutz eine Abstufung möglich ist, im Gegenteil verbiete sich nach seiner Interpretation der Urteile des BVerfG die Annahme einer solchen Abstufung[175] aufs strengste.

Dennoch ließe sich möglicherweise dieses dogmatische Argument, eben die Verkennung der Trennung von Tatbestands- und Rechtsfolgenebene, fruchtbar machen, um der behaupteten Preisgabe des Rechtswidrigkeitspostulats entgegenzutreten.
So könnten die Anordnungen des BVerfG, welche in scheinbarem Widerspruch zum umfassenden Lebensschutz stehen, möglicherweise der Rechtsfolgenseite zugeordnet werden, wohingegen auf Tatbestandsebene die staatliche Pflicht zum Lebensschutz des Embryos stünde[176].

Wenn aber die Anweisungen des BVerfG tatsächlich nur Hinweise auf die Rechtsfolgen des vorher festgestellten Schutzpflichtentatbestandes wären, so wäre der Gesetzgeber hierdurch nicht nur in seinem grundrechtlich verbürgten Einschätzungs- und Handlungsspielraum[177] stark eingeschränkt. Aufgrund der inhaltlichen Weite

---

[172] so: SCHNEIDER, Aspekte, S. 156 f.
[173] SCHNEIDER, Aspekte, S. 108
[174] SCHNEIDER, Aspekte, S. 157 u. 161
[175] MERKEL, Forschungsobjekt Embryo, S. 57
[176] angelehnt an SCHNEIDER, Aspekte, S. 156
[177] vgl. hierzu: BVerfGE 39, 1 (44); BVerfGE 77, 170 (214 f.); UNRUH, Schutzpflichten, S. 79; ALEXY, Grundrechte, S. 420; KLEIN, DVBl 94, S. 489 (496)

der Anordnungen hat diese, wie sich gegenwärtig in der Rechtswirklichkeit zeigt, nicht nur eine Einschränkung der konstatierten Schutzpflicht zur Folge, sondern vielmehr eine völlige Aufhebung derselben. Um in den Worten der Vertreter der Schutzpflichtendogmatik zu sprechen: Die Anordnungen des BVerfG zum „Wie" der konstatierten Schutzpflicht sind so einschneidend und schwerwiegend, daß sie darüber hinaus auch das „Ob" einer Schutzpflicht entscheiden.

Da das Postulat der Rechtswidrigkeit der Abtreibung mit einem subjektiven Recht des Embryos auf Leben unvereinbar ist, ist die Ausgestaltung einer Schutzpflicht, welche diesen Namen auch verdient, dem Gesetzgeber überhaupt nicht möglich. Selbst wenn die Anordnungen, welche dem Staat die Schaffung von Einrichtungen zum Schwangerschaftsabbruch vorschreiben, nur der Rechtsfolgenebene zuzuordnen wären, so bedürften sie zwingend der Grundlage, daß auf Tatbestandsebene eine Schutzpflicht, die einem subjektiven Lebensrecht des Embryos gleichsteht, gerade nicht existiert.
Auch eine formelle Unterscheidung nach der Schutzpflichtendogmatik kann also eine Aufhebung des Rechtswidrigkeitspostulats der Abtreibung nicht verhindern.

Nun mag man hiergegen einwenden, daß diese Position im direkten Widerspruch zu einer Reihe von Feststellungen und Leitsätzen insbesondere des ersten Urteils zum Schwangerschaftsabbruch steht[178] – und zu Recht. Denn dies ist der entscheidende, zu beachtende Punkt bei der Auslegung der beiden Urteile: Die gesammelten Leitsätze lassen sich nicht alle zueinander in Einklang bringen, auch nicht durch die formelle Unterteilung nach der Schutzpflichtendogmatik. Von den Vertretern dieser Ansicht wird wiederholt - und zu Recht - betont, daß aus einer staatlichen Schutzpflicht auch ein subjektives Recht erwachsen muß, doch genau dies spricht das BVerfG durch seine konkretisierenden Anordnungen dem Embryo ab.
Formal betrachtet mag dies auf der Rechtsfolgenebene geschehen, doch eben nicht *nur* auf dieser.

Zusammenfassend läßt sich festhalten: Die Urteile des BVerfG zum Schwangerschaftsabbruch lassen sich für die Statusbestimmung des frühen Embryos heranziehen. Ihre zwingende Folge ist, daß dem frühen Embryo kein subjektives Lebensrecht, weder aufgrund einer staatlichen Schutzpflicht, noch aufgrund eines individuellen Lebensrechts zukommt.

(5) Normativer Schutz des Embryos trotz fehlenden subjektiven Lebensrechts

Daß ein subjektives Lebensrecht nach folgerichtiger Auslegung der Urteile des BVerfG nicht besteht, wurde gezeigt[179]. Möglicherweise stellt nun aber der dritte Normtypus eine Möglichkeit dar, die objektiven Schutzbelange normativ festzuhal-

---

[178] was sich wohl aus: SCHNEIDER, Aspekte, S. 156 ableiten ließe
[179] s.o. 3. Teil: B. III. 1. b. iii.

ten. Dann bestünde auch die Möglichkeit einer verfassungsrechtlichen Rechtfertigung eines Verbots der PID, deren Umfang anschließend zu prüfen wäre.

(a) Objektiv-rechtliche Gewährleistung statt subjektiven Rechts

Eine solche Auslegung der Rechtsprechung des BVerfG findet sich bei IPSEN, der den bereits angesprochenen Widerspruch in einem anderen Sinn verstehen will: Das BVerfG habe nicht etwa ein subjektives Recht des Embryos konstatieren wollen, sondern eine Pflicht mit bloß objektiv-rechtlichen Gewährleistungen, ähnlich wie sie z.B. für das Andenken Toter in Form des postmortalen Schutzes von Leichen, wenn auch nicht einhellig, so doch überwiegend vertreten wird[180]: Ein Fortwirken des Menschenwürdeschutzes bzw. der Persönlichkeitsrechte ohne Grundrechtssubjektivität[181].

Allerdings will IPSEN diesen Schutz durch Art. 1 I GG anerkannt sehen, ebenso wie sich seine Argumentation darauf stützt, daß vom BVerfG der Embryo in keinem der Urteile ausdrücklich als Subjekt der Menschenwürde erklärt wurde (und nicht etwa des Lebensrechts) [182].
Dies hat jedoch auf die hier zu klärende Frage keinen Einfluß, da die Argumentation, würde der Schutz nicht aus Art. 1 I GG, sondern aus Art. 2 I GG abzuleiten sein, dennoch dieselbe wäre – relevant ist für diese nämlich nur, ob es sich beim Embryo um einen Träger der vorgenannten Grundrechte handelt, oder ob lediglich eine objektiv-rechtliche Gewährleistungspflicht besteht.
Wenn jedoch die Argumentationsstruktur die gleiche ist, dann könnte der Einwand HERDEGENS erheblich sein, daß der objektive Gehalt von Art. 1 I GG nicht vom gegenständlichen Gehalt der subjektiv-rechtlichen Gewährleistung und der ihr korrespondierenden staatlichen Verpflichtung losgelöst werden könne[183].
Es sei ein logischer Bruch, den Vorstufen menschlichen Lebens einen Würdeanspruch abzusprechen, um dann dennoch mit der Menschenwürde eine Schutzpflicht des Staates zu begründen – vielmehr lasse sich dies nur über ein Vor- und Nachwirken des subjektiven Würdeschutzes begründen[184].
Allerdings verkennt diese Ansicht, daß weder im Falle eines Vor-, noch dem eines Nachwirkens des Würdeschutzes ein subjektives Schutzinteresse besteht:
Denn der Embryo kann ein solches Interesse noch nicht wahrnehmen, und der Verstorbene nicht mehr. Deutlich wird dies besonders an HERDEGENS Konzeption des postmortalen Würdeschutzes, wo er sich der Konstruktion einer in der Erinnerung der Lebenden nachwirkenden Persönlichkeit bedienen muß, um den subjektiv-

---

[180] IPSEN, Staatsrecht, Rn. 214 (m.w.N.); dagegen: HÖFLING, in: SACHS, Art. 1, Rn. 53; ebenfalls ablehnend: HERDEGEN, in: MAUNZ/DÜRIG, Art. 1 Abs. 1, Rn. 29
[181] IPSEN, JZ 01, S. 989 (993)
[182] IPSEN, JZ 01, S. 989 (991 f.)
[183] HERDEGEN, in: MAUNZ/DÜRIG, Art. 1 Abs. 1, Rn. 28
[184] HERDEGEN, a.a.O. (Fn. 183)

rechtlichen Bezug zu einem individuellen Rechtsträger herzustellen[185]. Geschützt wird hierbei jedoch nicht die Persönlichkeit, sondern die Erinnerung der Hinterbliebenen, weshalb es sich eben nicht um ein individuelles, sondern um ein kollektives Schutzinteresse handelt, daher ist der Auffassung HERDEGENS nicht zu folgen.

IPSEN argumentiert nun weiter, daß ein zwingender innerer Widerspruch in den Urteilen bestehe, wollte das BVerfG den Embryo ausdrücklich als Träger der Menschenwürde ansehen; da die einzige Möglichkeit, dies zu vermeiden, darin bestehe, den Embryo eben nicht als einer solchen anzusehen, könne auch nur dies vom BVerfG gemeint gewesen sein[186].

(b) Vereinbarkeit mit dem 2. Urteil zum Schwangerschaftsabbruch

Es stellt sich die Frage, ob die Urteile des BVerfG eine solche Umdeutung bzw. Interpretation hergeben. MERKEL bestreitet dies. Denn das BVerfG habe sich insbesondere im 2. Urteil einer solchen Einordnung eindeutig widersprechend geäußert[187]. Im ersten Leitsatz heißt es: „Menschenwürde kommt schon dem ungeborenen menschlichen Leben zu.“ [188] – eine Absage daran, daß die Menschenwürde aus einem objektiv-rechtlichen Schutz der Gattungswürde des Menschen abzuleiten sei[189]. Im zweiten Leitsatz wird ausgeführt: „Die Schutzpflicht für das ungeborene Leben ist bezogen auf das einzelne Leben, nicht nur das Leben allgemein.“ Und weiter: „Die Rechtsordnung muß die rechtlichen Voraussetzungen seiner Entfaltung im Sinne eines eigenen Lebensrechts des Ungeborenen gewährleisten. Dieses Lebensrecht wird nicht erst durch die Annahme seitens der Mutter begründet.“[190] Dies könne nicht anders als im Sinne einer Zubilligung eines subjektiven Lebensrechts aus Art. 2 II S.1 GG gedeutet werden[191]. Dieser Standpunkt werde in den Entscheidungsgründen noch weiter ausgebaut und gefestigt, weshalb es auszuschließen sei, hier ein echtes subjektives Grundrecht zu bestreiten[192].
Darum gebe es, sofern man den Inhalt der Leitsätze und Urteilsgründe ablehne, nur eine Möglichkeit, nämlich sie zu kritisieren – sie hingegen als Bestätigung heranzuziehen, verbiete sich[193].

(c) Stellungnahme

Angesichts der erdrückend eindeutigen Äußerungen insbesondere in den Leitsätzen, aber auch in den Entscheidungsgründen scheint sich eine Auslegung im Sinne

[185] HERDEGEN, in: MAUNZ/DÜRIG, Art. 1 Abs. 1, Rn. 53
[186] IPSEN, JZ 01, S. 989 (992)
[187] MERKEL, Forschungsobjekt Embryo, S. 52
[188] BVerfGE 88, 203 (203)
[189] MERKEL, Forschungsobjekt Embryo, S. 53
[190] BVerfGE 88, 203 (203)
[191] MERKEL, a.a.O. (Fn. 189)
[192] MERKEL, Forschungsobjekt Embryo, S. 53 f.
[193] MERKEL, DRiZ 02, S. 184 (187)

einer rein objektiv-rechtlichen Gewährleistungspflicht zu verbieten. Es stellt sich jedoch die Frage, in welcher Weise sich die oben festgestellte Derogation ebendieses subjektiven Rechts mit der hier eindeutig festgestellten Position des BVerfG in Einklang bringen läßt, daß eine Grundrechtssubjektivität des Embryos besteht.
So müßte man sich möglicherweise den Vorwurf gefallen lassen, daß ein objektivrechtlicher Schutz des Embryos angesichts der Derogation seiner Grundrechtssubjektivität wiederaufleben könnte.
Anders formuliert: Da die Derogation des subjektiven Rechts des Embryos eine konkludente, keine ausdrückliche ist, bliebe nicht die Möglichkeit einer Deutung dahingehend, daß hier die konstatierte Grundrechtssubjektivität in eine objektivrechtlichen Gewährleistungspflicht umgewandelt werde?
Dann wären die Anordnung zur staatlichen Schaffung von Abtreibungseinrichtungen ebenso wie das Verbot der Nothilfe zugunsten des Embryos, die Rechtmäßigkeit des Abtreibungsvertrages zwischen Schwangerer und Arzt, der bestehende Anspruch auf Lohnfortzahlung für die Abtreibende sowie der Schutz durch Art. 12 GG der ärztlichen Tätigkeit beim beratenden Schwangerschaftsabbruch mangels einer subjektiven Grundrechtsposition des Embryos zulässige Maßnahmen, ihre Existenz also nicht widersprüchlich.
Aber dem Ergebnis IPSENS widerspricht MERKEL auch gar nicht: Im Gegenteil stellt er selbst fest, daß ein objektiv-rechtlicher Schutz des Embryos Konsequenz einer schlüssigen Deutung der Rechtssprechung des BVerfG sein muß[194]. Allerdings läßt sich dieses Ergebnis nicht auf dem Weg einer Deutung als ansonsten widersprüchlich erreichen wie bei Ipsen, sondern nur durch konsequente Annahme des Widerspruchs als Derogation der zuvor festgestellten Rechtssätze.

iii. Ergebnis zum 3. Teil: B. III. 1. b.

Damit läßt sich festhalten, daß zwar kein subjektives Lebensrecht des Embryos, jedoch ein objektiver Schutz vorhanden ist. Auch diese Schutzpflicht des Staates stellt als Rechtsgut von Verfassungsrang eine Schranke dar.

c. Menschenwürde des Embryos

Wäre der menschliche Embryo Träger der Menschenwürde, so wäre mit diesem Status eine ungleiche Behandlung von Menschenwürde und Lebensrecht unvereinbar, eine Entkopplung verböte sich[195]. Da aber kein subjektives Recht auf Leben besteht, kann der Embryo auch nicht Träger der Menschenwürde sein[196].

---

[194] MERKEL, Forschungsobjekt Embryo, S. 113 u. 268
[195] MERKEL, Forschungsobjekt Embryo, S. 111 f.
[196] im Ergebnis anders, jedoch ausdrücklich darauf hinweisend, daß es folgerichtig sei, den Embryo nicht als der Menschenwürde würdig zu befinden, wenn man den Schutz aus Art. 2 II GG nicht zugesteht: SACKSOFSKY, KJ 03, 273 (283)

Wie beim Lebensschutz auch könnte jedoch ein objektiver Schutz des Embryos bestehen. Die Begründung eines solchen entspricht der des Lebensschutzes, insofern sei auf obige Ausführungen verwiesen[197].

Kommt dem Embryo ein objektiv-rechtlicher Schutz aus Art. 2 GG zu, so muß ein solcher ebenfalls aus Art. 1 GG gewährleistet werden und kommt folglich ebenfalls als Schranke in Betracht.

d. Gleichheitsgrundsatz / Verbot der Benachteiligung von Behinderten

Weiterhin könnte möglicherweise ein Verbot der PID aufgrund des Verbots der Benachteiligung Behinderter nach Art. 3 III S. 2 GG eine Schranke sein.

i. Grundrechtsträgerschaft des Embryos

Hier stellt sich zunächst die Frage, ob der frühembryonale Fötus vor Nidationsreife überhaupt Träger des Grundrechts aus Art. 3 III S. 2 GG ist.
Dies wird in der verfassungsrechtlichen Literatur unterschiedlich bewertet.

(1) Befürwortung einer Grundrechtsträgerschaft des frühen Embryos

Es gibt verschiedene Ansätze, eine Grundrechtsträgerschaft des frühen Embryos zu begründen.
Nach einer Auffassung wird ohne Erwähnung des Problems des personellen Schutzbereichs von einer Grundrechtsträgerschaft ausgegangen[198].
Von anderer Seite wird vertreten, daß die fortschreitende Entwicklung hin zu einer prädikativen Medizin, eine historische Auslegung der Vorschrift, ebenso wie die Überlegung, daß eine vorgeburtliche Diskriminierung behinderten Lebens negative Auswirkungen auf die Akzeptanz von Behinderten in der Gesellschaft habe[199], für eine extensive Auslegung sprächen[200]. Unter einer prädikativen Medizin ist hierbei eine solche zu verstehen, die bereits die Entstehung einer Krankheit bzw. kranken Lebens verhindern soll[201]. Im Rahmen der historischen Auslegung wird insbesondere auf die Verhinderung einer Wiederholung der nationalsozialistischen Unrechtstaten abgestellt[202].
Nach anderer Ansicht wird vertreten, daß eine Grundrechtsträgerschaft deswegen zu bejahen sei, weil man sonst Gefahr liefe, wegen zukünftiger Behinderungen zu

---

[197] s. o. unter: 3. Teil: B. III. 1. b. iii.
[198] BECKMANN, MedR, 98, S. 155 (160); RÖGER, Schriftenreihe der Juristen-Vereinigung Lebensrecht e.V. (Bd. 17) 00, S. 55 (68)
[199] vgl. HERZOG, ZRP 01, 393 (396 f.)
[200] BÖCKENFÖRDE-WUNDERLICH, Rechtsproblem, S. 208; GIWER, Rechtsfragen, S. 122
[201] GIWER, a.a.O. (Fn. 200)
[202] GIWER, a.a.O. (Fn. 200)

benachteiligen, wobei ein subjektives Lebensrecht des Embryos zugrundegelegt wird[203].

(2) Keine Grundrechtsträgerschaft mangels natürlicher Person / staatlichen Eingriffs?

Schließlich wird vertreten, daß eine Grundrechtsträgerschaft deshalb zu bezweifeln sei, weil Art. 3 III S. 2 GG eine natürliche Person als Träger des Grundrechts voraussetzte, um welche es sich bei einem frühen Embryo gerade nicht handele, da es ihm am Merkmal der Personalität mangele[204].

(3) Abwägung zur Grundrechtsträgerschaft des frühen Embryos aus Art. 3 III S. 2 GG

Es ist nun zu untersuchen, ob eine Grundrechtsträgerschaft des frühen Embryos aus Art. 3 III S. 2 GG besteht.
In der Tat ist es zutreffend, daß der ausdrückliche verfassungsrechtliche Behindertenschutz auch als Reflex auf die Vernichtungsaktionen des Nationalsozialismus entstand[205].
Allerdings stellt sich die Frage, ob sich hieraus und aus einer allgemeinen Entwicklung hin zur prädikativen Medizin zwingend eine Einbeziehung selbst des frühesten Embryos in den Schutzbereich von Art. 3 III S. 2 GG ergibt, insbesondere in Form eines subjektiven Rechts.

Zum einen ist nicht ersichtlich, warum ein subjektives Grundrecht einen besseren Schutz des Rechtsguts vermitteln können soll als eine objektive staatliche Schutzpflicht.
Daß der Zusammenhang zwischen PID und gesellschaftlicher Stellung Behinderter keiner von Ursache und Wirkung ist, läßt sich auch an folgendem Gedankenspiel veranschaulichen: Angenommen es gäbe eine Behandlungsmethode, bei der ohne Verwerfen des Embryos vorhandene genetische Mängel nach einer präimplantativen Diagnose beseitigt werden könnten. Wie bei der PID auch ließe sich nun vorbringen, daß durch Anwendung dieser fiktiven Methode zum Ausdruck komme, daß Menschen, welche die zu therapierende Behinderung tragen, in der Gesellschaft unerwünscht und daher die Methode zwecks besserer Integration der Behinderten zu verbieten sei.
Dann kann aber jedenfalls das Verwerfen des Embryos keine Auswirkungen auf den Integrationsaspekt haben. Nun könnte man einwenden, daß durch Verwerfen eines Embryos aufgrund einer zukünftigen Behinderung diese als negativ und unerwünscht vermittelt würde, im Gegensatz zu einer therapeutischen Behandlung derselben. Daraus, daß man sogar so weit geht, den Embryo zu verwerfen, nur um

---

203 SCHNEIDER , Aspekte, S. 195 ff.
204 HUFEN, MedR 01, 440 (448)
205 JARASS, J/P, Art. 3 Rn 105; STARCK, MKS, Art. 3 Rn. 339

die Geburt eines Kindes mit der vorliegenden Behinderung zu verhindern, könnte quasi auf den Stellenwert der Behinderung geschlossen werden.
Hierbei sei eher beiläufig erwähnt, daß ein solches Vorgehen nach geltender, anerkannter Rechtslage im Rahmen der medizinisch-sozialen Indikation sogar noch in einem Stadium möglich ist, in dem Abtreibungs- und PID- Gegner (wohl zutreffend) schon von einer intensiven emotionalen Bindung zwischen Mutter und Kind sprechen, was den Schluß nahelegt, daß die entsprechende zu erwartende Behinderung als noch weniger wünschenswert einzuschätzen ist, wenn denn eine Entscheidung für eine Abtreibung getroffen wird.
Was das genannte Beispiel aber noch viel deutlicher zeigt: durch Gewährung eines subjektiven Rechts des frühen Embryos aus Art. 3 III S. 2 GG würde man zu der grotesken Situation kommen, daß ein durchführbarer Heileingriff ohne nachteilige Folgen zu unterbleiben hätte. Damit würden jedoch nicht die subjektiven Belange und Interessen des betroffenen Embryos, dem man wohl ein fiktives Interesse unterstellen kann, von der Behinderung geheilt zu werden, sondern vielmehr ein Ideal, das Bild der Gesellschaft von sich und Ihrem Umgang mit Behinderten in derselben oder abstrakt: eine objektive Werteentscheidung geschützt werden. Folglich läßt sich auf diese Weise ein subjektives Recht des Embryos aus Art. 3 III S. 2 GG nicht begründen.

Nicht im Verwerfen des Embryos liegt daher die Gefährdung des Rechtsguts, sondern in dem Fehlschluß von der Unerwünschtheit der Behinderung auf die Unerwünschtheit Behinderter allgemein. Dies ist oder wäre jedoch kein besonderer Belang des betroffenen Embryos, sondern des Bildes der Gesellschaft bezüglich Behinderungen im allgemeinen.

Hilfsweise sei angemerkt, daß es äußerst zweifelhaft erscheint, ob gerade die Benachteilung vorgeburtlichen, frühembryonalen Lebens für negative Auswirkungen auf die Integration Behinderter in der Gesellschaft verantwortlich ist. Berechtigte Zweifel hieran meldet z.B. HUFEN an, indem er darauf verweist, daß in England gerade Behindertenverbände zu den überzeugten Befürwortern der Stammzellenforschung und Pränataldiagnostik (PND) gehörten[206]. So lägen in der Tat Hinweise auf gravierende Mängel bei der gesellschaftlichen Integration von Behinderten in Deutschland vor[207]. Dies ist wohl dahingehend zu deuten, daß das Beispiel Englands zeige, daß die Ursachen für solche Mängel möglicherweise ganz andere als die Ungleichbehandlung vorgeburtlichen Lebens seien und hier nur ein vermeintlicher, unterstellter Zusammenhang bestehe.
Im Sinne dieser Argumentation mag es zwar zutreffen, daß es Defizite in der Akzeptanz und Integration Behinderter gibt, doch wäre die Verurteilung der Ungleichbehandlung frühembryonalen Lebens nicht etwa eine Ursache dieser Mängel, sondern lediglich eine Folge derselben: Existierten diese Einbußen nicht, würde

---

[206] HUFEN, MedR 01, 440 (448)
[207] HUFEN, a.a.O. (Fn. 206)

sich die öffentliche Diskussion um die PID möglicherweise so darstellen wie in England. In einem anderen Umfeld der Akzeptanz wäre wohl einsehbarer, daß nicht der behinderter Mensch unerwünscht ist, sondern die Behinderung selbst. Weiter könnte man hiernach argumentieren, daß solchen Paaren, die eine PID anstreben, von vorneherein die moralische Fähigkeit abgesprochen werde, zwischen der Akzeptanz existierender, behinderter Menschen und der Entscheidung gegen die Verantwortung und Leiden, die ein (eventuell weiteres) behindertes Kind mit sich bringen würde, differenzieren zu können.

Damit bleibt noch jene Ansicht, welche den Embryo in den personellen Schutzbereich einbeziehen will, um eine Benachteiligung wegen zukünftiger Behinderungen zu verhindern[208].

Diese Auffassung muß sich jedoch zum einen entgegenhalten lassen, daß sie nicht zu begründen vermag, wieso der frühe Embryo, welcher über keine Personalität verfügt, dennoch wie eine natürliche Person zu behandeln sei, was u.a. dazu führe, daß jede Abtreibung zugleich einen Verstoß gegen Art. 3 GG darstelle[209].

Zum anderen ist zu beachten, daß sich aus Art. 3 III GG kein absolutes Benachteiligungsverbot ergibt, sondern vielmehr dieses Grundrecht unter dem Vorbehalt der Grundrechte anderer steht und daher gegen diese abzuwägen ist [210]. SCHNEIDER will hier das Lebensrecht des Embryos aus Art. 2 II GG als ausschlaggebenden Bezug sehen[211], welches gegen die Grundrechtspositionen der Mutter abzuwägen sei. Wie jedoch oben bereits festgestellt wurde[212], besteht ein solches subjektives Lebensrecht, zu dem Art. 3 III GG in bezug treten könnte, gerade nicht. Folglich mangelt es an einem Freiheitsrechtsgebiet, auf dem eine Benachteilung Auswirkungen zeigen könnte.

(4) Derogation einer Grundrechtsträgerschaft?

Doch selbst wenn alle zuvor dargestellten Überlegungen nicht zuträfen, so gilt es doch erneut, die verfassungsrechtlichen Konsequenzen des zweiten Urteils des BVerfG zum Schwangerschaftsabbruch zu beachten:

Die darin getroffenen Anordnungen erstrecken sich auf alle Formen der Abtreibungen, also auch auf solche, welche im Rahmen der medizinisch-sozialen Indikation zukünftig Behinderungen aufweisende Embryos treffen. Wenn der Embryo Träger des Grundrechts aus Art. 3 III S. 2 GG wäre, würde eine Abtreibung aufgrund einer diagnostizierten Behinderung jedoch einen Verstoß gegen diesen Artikel darstellen. Folglich ist auf argumentatorisch gleiche Weise wie beim subjektiven Lebensrecht des Embryos eine Derogation der Grundrechtsträgerschaft des Embryos festzustellen.

---

[208] SCHNEIDER, Aspekte, S. 195 ff.

[209] HUFEN, MedR 01, 440 (448)

[210] HUFEN, a.a.O. (Fn. 209); so auch: SCHNEIDER, Aspekte, S. 198 f.

[211] SCHNEIDER, Aspekte, S. 199

[212] s.o. 3. Teil: B. III. 1. b. iii.

(5) Zusammenfassung zum 3. Teil: B. III. 1. d. i.

Damit läßt sich festhalten: Ein Grundrecht des frühen Embryos aus Art. 3 III S. 2 GG läßt sich nicht begründen und ist außerdem nicht mit dem 2. Urteil des BVerfG zum Schwangerschaftsabbruch vereinbar.

ii. Objektiv-rechtliche Gewährleistung zur Förderung der gesellschaftlichen Integration von Behinderten

Möglicherweise könnte jedoch eine objektiv-rechtliche Gewährleistung aus Art. 3 III S. 2 GG zugunsten der Stellung aller Behinderten in Staat und Gesellschaft bestehen, welche ein Verbot der PID rechtfertigen könnte.
Neben dem Schutz des Einzelnen vor Benachteiligungen aufgrund seiner Behinderung ist es Ziel von Art. 3 III S. 2 GG, die Stellung der Behinderten in der Gesellschaft zu verbessern und ihre Integration zu fördern[213].

iii. Zusammenfassung zum 3. Teil: B. III. 1. d.

Es läßt sich festhalten, daß auch aus Art. 3 III S. 2 GG eine objektiv-rechtliche Schutzpflicht des Staates gegenüber den Interessen von Behinderten besteht, welche ein Verbot der PID rechtfertigen könnte.

e. Allgemeines Persönlichkeitsrecht / Recht auf informationelle Selbstbestimmung aus Art. 2 I in Verbindung mit Art. 1 I GG

Außerdem käme als Einschränkung noch das Recht auf informationelle Selbstbestimmung[214] in Betracht, da durch die Diagnose auch genetische Informationen des Embryos ermittelt werden sollen. Hierunter versteht man das Recht des Einzelnen zu entscheiden, wann und innerhalb welcher Grenzen persönliche Lebenssachverhalte offenbart werden[215].
Allerdings stellt sich die Frage, ob der frühe Embryo Träger dieses Grundrechts sein kann, was unterschiedlich bewertet wird:

i. Personeller Schutzbereich von Art. 2 I in Verbindung mit Art. 1 I GG

Will man den personellen Schutzbereich des Rechts auf informationelle Selbstbestimmung abgrenzen, so gilt es zunächst, grundlegende Voraussetzungen und Merkmale für diesen festzuhalten.

---

[213] HUFEN, MedR 01, 440 (448)
[214] BVerfGE 65, 1 (41ff.); SIMITS, NJW 84, 398 (399f.); SCHLINK, Der Staat 86, 233 (233f.)
[215] BVerfGE 65, 1 (41f.); BVerfGE 80, 367 (373)

(1) Mephistoentscheidung des BVerfG

Im Rahmen der sogenannten Mephistoentscheidung des BVerfG zur Frage danach, ob das allgemeine Persönlichkeitsrecht nach dem Tod fortwirkt, hat sich das Gericht dahingehend geäußert, daß das Grundrecht aus Art. 2 I zumindest die Existenz einer potentiell oder zukünftig handlungsfähigen Person als unabdingbar voraussetze[216]. Hierauf stützend will eine Auffassung einen prinzipiellen Schutz auch des Nasciturus ableiten[217].

(2) Private Sphäre als Voraussetzung

Nach anderer Ansicht ist der Bereich enger zu fassen, als Abgrenzungskriterium setze das Persönlichkeitsrecht zumindest die Existenz einer privaten Sphäre voraus, da nur innerhalb dieser die zu schützende Entfaltung der Persönlichkeit möglich und relevant sei. Über eine solche Privatsphäre verfüge der Embryo gerade nicht[218].

(3) Sozialer Bezug

Als ähnliches Abgrenzungskriterium soll nach anderer Ansicht auf das Bestehen sozialer Beziehungen abgestellt werden, da der Mensch als soziales Wesen im Rahmen dieser seine Persönlichkeit entfalte, so daß eine zwingende Voraussetzung für das allgemeine Persönlichkeitsrecht ein sozialer Bezug sei, welchen der Embryo nicht aufweise[219].

(4) Normenschutzerwägungen

Bezüglich des Urteils des BVerfG stelle sich die Frage, ob die zur Abgrenzung eines nach dem Tod fortwirkenden Rechts getroffenen Feststellungen sich auch für ein Bestimmung desselben vor Geburt heranziehen lassen – insbesondere, da es äußerst zweifelhaft erscheine, ob das Gericht zum Zeitpunkt der Entscheidung Anfang der 70er Jahre bereits die rasche Weiterentwicklungen in der Gentechnik habe absehen können[220].
Insbesondere in bezug auf das frühe bzw. vorgeburtliche menschliche Leben müssen die genetischen Erbinformationen als lebenslänglich fortwirkende und unveränderte Daten unabhängig vom Status und geistigen oder sozialen Entwicklungsstand ihres Trägers zu jedem Zeitpunkt sorgfältig geschützt werden, um zukünftig auftretende Schutzlücken zu vermeiden, die dadurch auftreten, daß die Daten bereits vor Schutzbeginn ermittelt werden[221]. Folglich sei nach dieser Auffassung als

---

[216] BVerfGE 30, 173 (194ff.)
[217] ROBBERS, Sicherheit, S. 218
[218] KUNIG, JURA 93, S. 595 (599)
[219] VITZTHUM, in: KLUG/KRIELE, S. 119 (131)
[220] SCHNEIDER, Aspekte, S. 175
[221] BÖCKENFÖRDE-WUNDERLICH, Rechtsproblem, S. 205; SCHNEIDER, Aspekte, S. 176 f.

relevantes Kriterium allein der Zeitpunkt entscheidend, ab dem Zugriff auf die entstandenen Daten genommen werden kann.

(5) Abwägung und Stellungnahme

Bezüglich der Kritik an der „Mephistoentscheidung" des BVerfG ist zu bedenken, daß für das Formulieren der Mindestanforderungen an das allgemeine Persönlichkeitsrecht ein Absehen jeglicher wissenschaftlicher Entwicklungen überhaupt nicht notwendig war. Schließlich ist es nicht erforderlich, zur abstrakten Formulierung einer Mindestanforderung dabei bereits jeden möglichen Anwendungsfall vor Augen zu haben. Damit ist jedoch noch nichts darüber gesagt, ob es sich hierbei auch um die einzigen, also hinreichenden Merkmale für das Zubilligen eines Persönlichkeitsrechts handelt. Aufgrund der Formulierung „zumindest" muß davon ausgegangen werden, daß sie als abschließendes Unterscheidungskriterium jedenfalls ausscheiden.

Für die Notwendigkeit, genetische Informationen des Einzelnen sorgfältig und über eine private Sphäre oder einen sozialen Bezug hinaus zu schützen, spreche weiter das Beispiel von (geborenen) Betreuungsbedürftigen und Schwerbehinderten, welchen ebenfalls ein allgemeines Persönlichkeitsrecht zukomme[222], obwohl hier schwerlich von einem sozialen Bezug gesprochen werden könne, da dieser in den genannten Fällen nur noch auf „Wahrnehmung bzw. Anerkennung von Seiten Dritter" reduziert sei[223].

Auch täten sich Schutzlücken auf: Handlungen, die sich zunächst nur auf ungeborenes Leben erstrecken, könnten sich zu einem späteren Zeitpunkt in Verletzungen des allgemeinen Persönlichkeitsrechts manifestieren[224]. Stellt man aber nur auf den sozialen Bezug bzw. die Entwicklung einer privaten Sphäre ab, so gäbe es nur einen verminderten Schutz vor solchen Eingriffen, folglich bedürfte es eines bereits vorgeburtlichen Schutzes in Form eines Rechts auf informationelle Selbstbestimmung[225].

Diese Kritik ist in ihren Aussagen überwiegend zutreffend, zweifelhaft erscheint jedoch der Schluß, der hieraus gezogen wird. Schutzzweck des allgemeinen Persönlichkeitsrechts ist vor allem der Schutz der engeren persönlichen Lebenssphäre des Einzelnen, da diese für die freie Persönlichkeitsentfaltung unabdingbar ist[226]. Über eine solche verfügt der frühe Embryo jedoch gerade nicht. Dann kann er jedoch auch kein persönliches, individuelles, subjektives Interesse an der Nichtverletzung dieser Sphäre haben. Hiergegen ließe sich nun das Argument vorbringen, daß das Beispiel Betreuungsbedürftiger und Schwerstbehinderter zeige, daß ein

---

[222] SCHNEIDER, Aspekte, S. 176 unter Bezug auf: DREIER, in: DERS., Art. 2 I, Rn 55; JARASS, NJW 89, 857 (859); KUNIG, Jura 93, 595 (598f.); DERS., in: V. MÜNCH/KUNIG, Art. 2, Rn. 39

[223] SCHNEIDER, Aspekte, S. 176

[224] SCHNEIDER, Aspekte, S. 177 unter Bezug auf: VITZTHUM, a.a.O. (Fn. 219)

[225] BÖCKENFÖRDE-WUNDERLICH, Rechtsproblem, S. 205; SCHNEIDER, a.a.O. (Fn. 224); im Ergebnis zustimmend: STUMPER, DNA- Analyse, S. 81 u. 228 f.

[226] MURSWIEK, in: SACHS, Art. 2 Rn. 10; STARCK, in: MKS, Art. 2 Rn. 8;

Schutz der Persönlichkeitssphäre über die individuellen Interessen hinaus bestehen müsse. Daß es einer solchen Notwendigkeit des Schutzes bedarf, ist zwar zutreffend.
Jedoch kann dieser Schutz kein subjektiv-rechtlicher sein, da ein subjektives Schutzinteresse gerade nicht besteht. Eine zu schützende Privatsphäre setzt aufgrund der Sozialgerichtetheit menschlichen Daseins ein gesellschaftliches Gefüge voraus, innerhalb dessen sie zu gewährleisten ist. Darum muß eine Bestimmung der Kriterien eines solchen Schutzes auch die Besonderheit sozialer Wechselbeziehungen berücksichtigen – das Recht zeichnet sich gerade dadurch aus, daß es innerhalb der Gesellschaft einem anderen gegenüber gewährt wird[227]. Insofern kann auch nicht davon die Rede sein, daß sich der soziale Bezug „nur noch" auf die Anerkennung seitens Dritter reduziere, denn genau diese Anerkennung macht die Besonderheit des Rechts auf eine Privatsphäre aus. Wer jedoch nicht in der Lage ist, diese Anerkennung überhaupt zu vergegenwärtigen, kann auch kein genuines Interesse an ihrer Gewährung haben.
Dafür, daß die behaupteten Schutzlücken allein durch ein subjektives Recht des frühen Embryos zu schließen wären, gibt es somit auch keine zwingenden Gründe.

Weiter ist bezüglich jener Ansicht, welche die Möglichkeit von Handlungen am frühen Embryo anführt, die sich in späterer Zukunft als Verletzungen des allgemeinen Persönlichkeitsrechts manifestieren könnten[228], anzumerken, daß für den späteren Mißbrauch der auf diesem Wege erlangten Daten der Schutz von Art. 2 I i.V.m. Art. 1 I GG gilt, so daß die Bezugsperson der Daten dem späteren Mißbrauch nicht schutzlos gegenübersteht. Vor Datenerhebungen, die nur die Vorstufe einer eventuellen späteren Verletzung darstellen, also nicht einmal den Stellenwert einer Gefährdung erreichen, vermag eine objektive Schutzpflicht des Staates ausreichend zu schützen, so daß eine Grundrechtsträgerschaft des Embryos auch auf diesem Wege nicht begründet werden muß bzw. sich nicht begründen läßt. Ob eine objektive Gewährleistungspflicht vorliegt, ist nun zu prüfen.

ii. Objektiv-rechtliche Gewährleistungen von Art. 2 I in Verbindung mit Art. 1 I GG

Schutzgut des allgemeinen Persönlichkeitsrechts ist die freie persönliche Entfaltung sowie die Gewährleistung der Privatsphäre des Einzelnen, welche hierzu notwendig ist[229]. Wie bereits festgestellt, existiert eine solche Sphäre für den Embryo nicht. Dennoch besteht ein schutzwürdiges, gesellschaftliches Interesse daran, vor Mißbrauch oder späterem Bekanntwerden von Daten, welche zu diesem Zeitpunkt erhoben werden, zu schützen. Dieses Interesse stellt sich jedoch nicht als ein individuelles Interesse, sondern als ein gemeinschaftliches dar, nicht in einer Gesellschaft

---

[227] VITZTHUM, a.a.O. (Fn. 219); vgl. STUMPER, DNA- Analyse, S. 79 f.
[228] vgl. o. 3. Teil: B. III. 1. e. i. (4) und Fn. 225
[229] BVerfGE 54, 148 (153); JARASS, J/P, Art. 2 Rn 30 (m.w.N.)

zu leben, in der grundlegende Daten bereits vorgeburtlich erfaßt, von staatlicher oder privater Seite mißbraucht oder für einen späteren Mißbrauch beschafft werden.

iii. Zusammenfassung zum 3. Teil: B. III. 1. c.

Als verfassungsrechtliche Rechtfertigung eines Eingriffs könnte eine objektive Schutzpflicht aus Art. 2 I i.V.m. Art. 1 I GG in Betracht kommen.

f. Zwischenergebnis zum 3. Teil: B. III. 1.

Als Schranken zum Recht der Mutter aus Art. 2 II S. 1 GG sind daher einerseits das ESchG, andererseits die staatlichen Schutzpflichten aus Art. 1 I, 2 II S. 1, Art. 3 III S. 2 und Art. 2 I i.V.m. Art. 1 I GG im Rahmen einer Verhältnismäßigkeitsprüfung zu berücksichtigen.

IV. Recht der Eltern aus Art. 6 I GG auf freie Bestimmung ihres Kinderwunsches

Der Schutz der Familie nach Art. 6 I GG ist nach seinem Wortlaut ein schrankenlos gewährtes Grundrecht. Nach ganz überwiegender Auffassung bestehen für solche schrankenlosen Grundrechte jedoch verfassungsimmanente Schranken, namentlich Grundrechtspositionen Dritter, sowie sonstige Rechtsgüter von Verfassungsrang[230]. Als einfachgesetzliche Regelung scheidet das ESchG als Schranke aus. Bestand haben hingegen die schon unter dem 3. Teil: B. III. 1. festgestellten verfassungsrechtlichen Güter, namentlich der objektiv-rechtliche Schutz frühembryonalen Lebens, des durch die Menschenwürde bedingten Menschenbildes sowie der von Interessen Behinderter und ihrer gesellschaftlichen Stellung. Jedoch ist hierbei zu beachten, daß es sich nicht um Grundrechtspositionen Dritter im Sinne eines subjektiven Rechts, sondern um staatliche Schutzpflichten für objektive Güter handelt.

1. Allgemeines Persönlichkeitsrecht der Eltern / Recht auf informationelle Selbstbestimmung nach Art. 2 I i.V.m. Art. 1 GG

Das Recht auf informationelle Selbstbestimmung unterliegt der Schrankentrias des Art. 2 I GG, so daß sowohl die verfassungsmäßige Ordnung, als auch kollidierendes Verfassungsrecht als Schranken in Betracht kommen. Daher sind sowohl das ESchG, als auch die benannten objektiven Güter, welche staatliche Schutzpflichten nach sich ziehen, als Schranke anzusehen und zu prüfen.

---

[230] SACHS, in: DERS., vor Art. 1 Rn. 120 ff. (m.w.N.)

2. Zusammenfassung zum 3. Teil: B. III.

Bei keinem der aufgezählten elterlichen Rechte besteht eine Schranke aufgrund subjektiver Rechte Dritter, jedoch sind jeweils die objektiv-rechtlichen Schutzpflichten, sowie je nach betroffenem Grundrecht das ESchG als Schranke im Rahmen der Verhältnismäßigkeitsprüfung zu beachten.

V. Verhältnismäßigkeit der Eingriffe

Wie bereits oben festgestellt, liegen Eingriffe in verschiedene grundrechtlich geschützte Güter durch ein Verbot der PID vor.
Im folgenden soll nun die Verhältnismäßigkeit anhand der ermittelten Schranken in bezug zu den betroffenen Grundrechten überprüft werden.

1. Recht der Mutter aus Art. 2 I S. 2 GG

Die ermittelten Schranken stellen eine mögliche Rechtfertigung für Grundrechtseinschränkungen dar. Diese wäre gegeben, wenn die Schranke zum einen verfassungsgemäß und zum anderen verhältnismäßig, also geeignet, erforderlich und angemessen wäre, um die betroffenen Verfassungsgüter zu schützen[231], wobei bei den Grundrechten mit Gesetzesvorbehalt dies anhand der zulässigen Schranken „im Lichte der Bedeutung der Freiheitsgarantie" vorzunehmen ist[232]. Grundvoraussetzung für einen solchen Schutz ist ein legitimer Zweck der Einschränkung[233]. Daher gilt es nun zu ermitteln, ob, bzw. welche Zwecke die mit dem Verbot der PID verbundenen Eingriffe in das Recht der Mutter aus Art. 2 I S. 2 GG verfolgen.

a. ESchG

An der formellen und materiellen Rechtmäßigkeit des ESchG bestehen keine Zweifel. Es ist daher zu prüfen, ob die Anwendung des ESchG auf die PID, was ein totales Verbot derselben zur Folge hat, verhältnismäßig ist.

i. Legitimer Zweck

Grundvoraussetzung für eine Grundrechtseinschränkung muß die Setzung eines legitimen Zwecks sein. Legitim ist ein Zweck, wenn er auf das Wohl der Gemeinschaft gerichtet ist – außerdem ist die Bestimmung der angestrebten Zwecke notwendig, da sich die weitere Verhältnismäßigkeitsprüfung auch an diesen bemißt[234]. Zielsetzung des ESchG ist der Schutz des vorgeburtlichen Embryos in vitro[235]. Konkreter: es soll ein Mißbrauch an Embryonen sowie das Erzeugen von Embryo-

---

[231] JARASS, in: J/P, Art. 20 Rn. 83 ff.; SACHS, in: DERS., vor Art. 1 Rn. 149 ff. (m.w.N.)
[232] SACHS, in: DERS., vor Art. 1 Rn. 120
[233] SACHS, in: DERS., Art. 20, Rn. 149
[234] SACHS, a.a.O. (Fn.233)
[235] KELLER/GÜNTHER/KAISER, ESchG, Vor § 1, Rn. 5

nen zu anderen, als deren Erhaltung bzw. Verpflanzung dienenden Zwecken ausgeschlossen werden[236]; dies findet einen speziellen Ausdruck in den §§ 2 I und 6 I ESchG.
Nach § 2 I ESchG soll der Mißbrauch existierender Embryonen, also der Handel sowie die verbrauchende Forschung verhindert werden, hingegen ist Zweck von § 6 I ESchG die Durchsetzung des Klonierungsverbotes. Damit zielen beide hauptsächlich auf den Schutz von Embryonen in vitro ab. Zweifelsfrei sind diese Anordnungen auch auf das Wohl der Gemeinschaft gerichtet.

ii. Eignung

Geeignet ist eine Einschränkung dann, wenn der gewünschte Zweck mit diesem Mittel gefördert werden kann, ohne daß es sich um das bestmögliche oder geeignetste handeln muß[237].
Zunächst könnte man aufgrund der Möglichkeit für Paare, die eine PID erwägen, ins europäische Ausland zu gehen, bereits an der Geeignetheit eines Verbots zweifeln. Dies darf jedoch nicht in die Prüfung miteinbezogen werden, da dies unweigerlich dazu führen würde, daß sich der Staat in der Auswahl seiner Verbote immer dem niedrigsten Standard in der Welt anpassen müßte[238]. Daher wird bei der Betrachtung nur die innerstaatliche Lage berücksichtigt.

Da bei einer PID die Durchführung einer IVF zwingend erforderlich ist, und da weiter die Möglichkeit zum Klonen durch Mehrlingsbildung sowie die Erzeugung überzähliger Embryonen bei der IVF gegeben ist, ermöglicht ein Verbot der PID, diese Handlungen zu unterbinden. In bezug auf die weiteren Zielsetzungen des ESchG im allgemeinen kann auch davon ausgegangen werden, daß durch das Verbot sowohl verbrauchende Forschung an Embryonen als auch ein Mißbrauch der erzeugten Embryonen verhindert werden kann.

iii. Erforderlichkeit

Eine staatliche Maßnahme ist dann erforderlich, wenn das Ziel nicht durch ein anderes, gleich wirksames Mittel erreicht werden kann, welches die Grundrechte nicht oder weniger fühlbar einschränkt[239].

---

[236] KELLER/GÜNTHER/KAISER, ESchG, Vor § 1, Rn. 3 f.
[237] BVerfG 30, 292 (316); BVerfGE 96, 10 (23); JARASS, in: J/P, Art. 20 Rn. 84; SACHS, in: DERS., Art. 20 Rn. 150
[238] HUFEN, MedR 01, 440 (449)
[239] BVerfGE 53, 135 (145 f.); BVerfGE 92, 262 (273); JARASS, in: J/P, Art. 20 Rn. 85; SACHS, in: DERS., Art. 20 Rn. 152

(1) Zielsetzung der staatlichen Maßnahme

Als Ziele der staatlichen Maßnahme sind die unterschiedlichen Ausprägungen des Schutzes des Embryos in vitro zu nennen, der Schutz vor verbrauchender Forschung sowie das Verbot des Handels und sonstigen Mißbrauchs mit dem Embryo, daneben auch noch als weiteres staatliches Ziel das Klonierungsverbot.
Durch das völlige Verbot der PID werden die oben genannten Mißbrauchsmöglichkeiten in der Tat ausgeschlossen. Fraglich erscheint jedoch, ob es neben diesem strikten Verbot keine milderen Mittel gibt, welche bei gleicher Wirksamkeit weniger einschneidend für das Recht auf körperliche Unversehrtheit der Mutter sind.

(2) Wirksamkeitsprüfung

Neben den der IVF bereits innewohnenden Gefahren für den Embryo birgt die PID noch weitere zu berücksichtigende Risiken:

(a) Beeinträchtigungen der festgestellten Ziele

Einerseits würden aufgrund der Eigenarten der Methode nicht nur mehr Embryos erzeugt als verpflanzt werden sollen, sondern auch mehr als bei einer regulären IVF[240]. Andererseits bestünde die Gefahr einer gezielten, nicht von gesundheitlichen Motiven bewegten Selektion, etwa aufgrund des Geschlechts, der Haarfarbe etc.[241]. Diese Risiken werden durch ein völliges Verbot der PID ausgeschaltet – zu prüfen ist jedoch, ob dies nicht auch durch ein milderes Mittel erreicht werden kann. Unter Umständen könnte ein eingeschränktes Verbot der PID unter bestimmten, die dargestellten Risiken ausschließenden Auflagen in gleicher Weise schützen.
Problematisch könnte in diesem Zusammenhang dennoch sein, daß auch bei einer eingeschränkten Erlaubnis der PID zumindest eine höhere Anzahl an Embryonen befruchtet werden müßte, um im gleichen Zyklus eine Schwangerschaft herbeizuführen, da sonst die Gefahr zu groß wäre, nur Embryonen zu erhalten, die nicht verpflanzt werden sollen[242].
Man könnte nun vertreten, daß dies mit den Zielsetzungen des ESchG unvereinbar wäre[243]. Diese Auffassung verkennt aber, daß das ESchG in seiner aktuellen Fassung die Erzeugung überzähliger Embryonen und deren Vernichtung in Kauf nimmt und akzeptiert[244], ja sogar Fälle kennt, in denen eine Pflicht zur Tötung von Embryonen besteht[245]. Wie sich bereits an § 1 I S. 3 ESchG zeigt, ist es eben nicht

---

240 vgl. FROMMEL, Reproduktionsmedizin, S. 158 (160); KOLLEK, Präimplantationsdiagnostik, S. 198
241 HUFEN, MedR 01, 440 (449); SCHNEIDER , Aspekte, S. 262; STARCK, JZ 02, S. 1095 (1096)
242 FROMMEL, a.a.O. (Fn. 240)
243 darstellend: FROMMEL, Reproduktionsmedizin, S. 158 (159)
244 FROMMEL, Reproduktionsmedizin, S. 158 (161)
245 NEIDERT, ZRP 02, 467 (470)

beabsichtigt, das Absterben eines jeden befruchteten Embryos zu verhindern[246]. Anders würden sich auch die Fernziele des ESchG, nämlich die Herbeiführung einer Schwangerschaft und die gesunde Weiterentwicklung der erzeugten Embryonen, nur schwerlich erreichen lassen[247]. Daneben wäre auf längere Sicht auch die wiederholte Erzeugung und die damit einhergehende Verwerfung von mehr Embryonen eine miteinzubeziehende Eventualität, zusätzlich zu einer größeren gesundheitlichen Belastung der Frau, welche sich den Belastungen der IVF öfter stellen müßte. Insofern läßt sich schon am Fehlen eines milderen, gleich effizienten Mittels zweifeln.

(b) Relevanz der Strafandrohung

Darüber hinaus wird zu bedenken gegeben, daß ein Verbot nach ESchG eine strafrechtliche Maßnahme sei – eine Strafandrohung müsse aber immer ultima ratio staatlichen Handelns sein[248]. Wenn im Rahmen des Schwangerschaftsabbruchs auf eine Beratungslösung zurückgegriffen werde, so zeige dies, daß es eines so gravierenden Eingriffs wie durch strafrechtliche Mittel für die PID gerade nicht bedürfe[249].

Dieses Argument kann jedoch nur in begrenztem Umfang herangezogen werden. Einerseits verkennt diese Auffassung die notwendige Unterscheidung zwischen Rechtmäßigkeit der Verhaltensnorm und jener der Sanktionsnorm[250], andererseits würde eine einfache Analogie zwischen Schwangerschaftsabbruch und PID sich auch aufgrund der zahlreichen Unterschiede zwischen beiden Konstellationen verbieten. Lediglich die Rückschlüsse, welche sich aus der Regelung des Schwangerschaftsabbruchs für den Status des frühen Lebensschutzes allgemein ergeben, lassen sich zur Abwägung heranziehen.

(c) Mögliche Rückschlüsse aus den Regelungen zur Abtreibung

Zunächst ist beiden Konstellationen gemein, daß ein komplexer Abwägungsprozeß erforderlich ist - auch wenn der Embryo kein Träger eines Lebensrechts ist, so bedeutet dies nicht, daß keinerlei andere Rechtsgüter von Verfassungsrang bzw. staatliche Schutzpflichten betroffen sind. Am Schwangerschaftsabbruch hat sich gezeigt, daß ein absolutes Verbot nicht in der Lage ist, der Komplexitätsdichte dieses Prozesses Herr zu werden.

Bei der PID stellt sich die Situation ähnlich dar: es sind ähnliche Rechtsgüter betroffen, die Abwägung ist vergleichbar komplex. Wenn aber im Fall des Schwangerschaftsabbruchs, bei dem es sich um einen schwerer wiegenden Konflikt hande-

---

[246] FROMMEL, Reproduktionsmedizin, S. 158 (159 f.)

[247] vgl. hierzu: FROMMEL, Reproduktionsmedizin, S. 158 (160 u. 162); abweichend: KELLER/GÜNTHER/KAISER, ESchG, Vor § 1, Rn. 3 f.

[248] speziell in bezug auf die PID: GIWER, Rechtsfragen, S. 145 f.; HUFEN, MedR 01, 440 (449)

[249] HUFEN, MedR 01, 440 (449)

[250] s.o. 3. Teil: B. , zur Unterscheidung vgl. LAGODNY, Schranken, S. 136

le, eine Beratungslösung statt Strafdrohung zugelassen werde, dann könne im Fall der PID nichts anderes gelten[251].

Auf die Frage nach der Erforderlichkeit der Verhaltensnorm, sprich den totalen Verbot der PID umgemünzt würde dieses Argument lauten:

Wenn im Fall des Schwangerschaftsabbruchs ein totales Verbot aufgrund der Konfliktdichte nicht möglich ist, so muß dieses beim komplexeren Sachverhalt der PID erst recht ausgeschlossen sein.

Welche der beiden Situationen nun einen schwerwiegenderen Konflikt darstellt, mag dahinstehen, es kann zumindest von einer ähnlich gewichtigen und komplexen Abwägungssituation ausgegangen werden: Dies zeigt sich schon an den unterschiedlichen möglichen Fallkonstellationen, welche sowohl von der Vielfalt möglicher, schwerer genetischer Defekte abhängen, als auch den unterschiedlichen Formen, in welchen sich diese auf den psychischen und physischen Zustand der Mutter auswirken können.

Dann läßt sich jedoch unter Erforderlichkeitserwägungen die Existenz eines milderen und dabei gleich wirksamen Mittels, nämlich einer Beratungslösung oder einer eingeschränkten Zulassung der PID, nicht mehr abstreiten.

iv. Ergebnis zum 3. Teil: B. V. 1. a.

Das totale Verbot der PID ist gemessen an den Intentionen des ESchG gegenüber den Rechten der Schwangeren aus Art. 2 I S. 2 GG nicht erforderlich, und somit auch nicht verhältnismäßig.

Eine Rechtfertigung des im ESchG normierten Verbots könnte sich jedoch auch durch andere verfassungsrechtliche Schranken rechtfertigen lassen.

b. Objektiver Schutz des ungeborenen Lebens

Möglicherweise könnte ein Verbot der PID auch durch die Gewährleistungspflicht des Staats für den Schutz des ungeborenen Lebens gerechtfertigt sein. Nachfolgend soll zunächst ein absolutes Verbot der PID auf seine Verhältnismäßigkeit geprüft werden.

Hierbei ist anzumerken, daß auch die Art des gewährleisteten Grundrechtsschutzes von Bedeutung ist. So erwachsen aus subjektiven Rechten Verletzungsverbote, also das Verbot jeglicher verletzender Handlungen[252], wohingegen aus einer objektiven Schutzpflicht lediglich ein Schutzgebot erwächst, also die Wahl eines Mittels von vielen[253]. Dieses Schutzgebot findet seinen verfassungsrechtlichen Ausdruck im Untermaßverbot und dem Beurteilungsspielraum des Gesetzgebers[254]:

---

[251] HUFEN, MedR 01, 440 (450); SCHROTH, JZ 02, S. 170 (178) ; SPRANGER, ZFSH/SGB 01, S. 266 (271)

[252] MERKEL, Forschungsobjekt Embryo, S. 42 f.

[253] MERKEL, Forschungsobjekt Embryo, S. 43

[254] ISENSEE, in ISENSEE/KIRCHHOF, Rn. 165 f.; hierauf Bezug nehmend: MERKEL, Forschungsobjekt Embryo, S. 44, SCHNEIDER, Aspekte, S. 230 f.; BVerfGE 88, 203 (254)

Innerhalb des Beurteilungsspielraums sind Maßnahmen des Gesetzgebers einer verfassungsgerichtlichen Kontrolle entzogen, sofern diese sich innerhalb eines schutzgeeigneten Rahmens bewegen[255]. Nur Maßnahmen außerhalb dieses Rahmens erlauben einen grundrechtlichen Schutzanspruch, ein Untermaß an staatlichem Handlungsbedarf wäre überschritten. Auf die PID bezogen bedeutet dies einerseits, daß eine Pflicht zum völligen staatlichen Verbot derselben nicht besteht, um den rein objektiv-rechtlichen Schutz des frühen Embryos zu gewährleisten, vielmehr ist der Gesetzgeber frei in der Wahl seiner Mittel, solange er nicht gänzlich untätig bleibt. Andererseits ist zu überprüfen, ob ein Verbot der PID zu rechtfertigen ist.
So kennt z.B. das ESchG zahlreiche Ausnahmen, etwa die überzählige Erzeugung von Embryonen bei der künstlichen Befruchtung, sofern diese nur alle übertragen werden sollen, oder die Auswahl einer Samenzelle nach Geschlecht, um damit eine schwerwiegende Erbkrankheit zu unterbinden, vgl. §§ 1 I Nr. 5 und 3 S. 2 ESchG.
Wie sich am Beispiel des ESchG, aber ebenso an der Zulässigkeit des Einsatzes von Nidationshemmern oder der sog. „Pille danach" zeigt, ist es jedenfalls nicht Ziel dieser staatlichen Gewährleistungspflicht, den Lebensschutz uneingeschränkt durchzusetzen[256] – eine solche Durchsetzung käme dann auch einem subjektiven Recht gleich, um das es sich hier, wie bereits geprüft, aber gerade nicht handelt.

i. Legitimer Zweck

Es ist zu ermitteln, welche Ziele die objektive Schutzpflicht des Staates für das ungeborene Leben hat. Stellt sich das subjektive Lebensrecht als ein Schutz des Individuums davor dar, in seiner materiellen, biologisch-physiologischen Grundlage der menschlichen Existenz eingeschränkt zu werden[257], sei es durch gezielte Tötungen oder solche Verhaltensweisen, welche unbeabsichtigt den Tod eines Menschen herbeiführen, so bleibt offen, welche Zwecke eine objektiv-rechtliche Schutzpflicht verfolgt.
Diese könnte man darin sehen, daß menschliches Leben neben dem individuellen Schutz des Lebens einer bestimmten Person auch als abstraktes Rechtsgut den Schutz (menschlichen) Lebens außerhalb individueller Interessen nach sich zieht, das als unabdingbar für ein schützenswertes gesellschaftliches Selbstverständnis angesehen werden kann[258].
So wie es auch einen über subjektive Rechte hinausgehenden Schutz gibt, etwa bei der Leiche eines Verstorbenen, könnte auch ein Schutz für die Phase vor der Ausprägung eines individuellen Rechtes bestehen. Anders als der Leichnam lebt der Embryo und besitzt das Potential, sich zu einem Grundrechtsträger des Lebensrech-

---

[255] ISENSEE, a.a.O.; hierauf Bezug nehmend: MERKEL, a.a.O., SCHNEIDER, a.a.O. und BVerfGE 88, 203 (254) (Fn. 254)
[256] vgl. dazu SCHROTH, JZ 02, S. 170 (179)
[257] JARASS, in: J/P, Art. 2, Rn. 61; MURSWIEK, in: SACHS, Art. 2 Rn. 141 u. 147
[258] vgl. MERKEL, Forschungsobjekt Embryo, S. 113 u. 188 der diesen Schutz jedoch nur aus der Menschenwürde Art. 1 I GG abzuleiten scheint

tes zu entwickeln[259]. Dann ist aber nicht ersichtlich, warum dem frühen Embryo ein nicht mindestens ebenbürtiger Schutz widerfahren sollte, quasi als Gegenstück des Schutzes eines noch nicht lebenden Menschens zu dem eines nicht mehr lebenden bzw. dessen Andenken. Folglich muß ein vorgeburtliches, objektives Lebensrecht ebendieses Potential und diese Form des Lebens zum Ziel einer staatlichen Schutzpflicht machen.

ii. Eignung

Man könnte vertreten, daß durch ein Verbot der PID der PND mit anschließender Abtreibung, also quasi einer sog. „Schwangerschaft auf Probe", Vorschub geleistet würde und somit ein Verbot nicht geeignet wäre, um das Ziel des Schutzes des frühembryonalen Lebens zu stärken[260]. Allerdings ist der gewünschte Erfolg nicht der unbedingte Schutz jeden einzelnen Lebens, sondern vielmehr der des Stellenwerts frühembryonalen, menschlichen Lebens allgemein. Auch wenn ein Verbot möglicherweise die Folge hätte, daß Paare zur „Schwangerschaft auf Probe" gedrängt werden, kann doch angenommen werden, daß zumindest ein Teil der Betroffenen entweder von einer Schwangerschaft absehen oder aber eine Schwangerschaft unabhängig von der Verfassung des zu erwartenden Kindes in Kauf nehmen. Folglich kann davon ausgegangen werden, daß ein Verbot zumindest geeignet wäre, frühembryonales Leben zu schützen[261].

iii. Erforderlichkeit

Es dürften weiter neben einem grundlegenden Verbot der PID keine ebenso wirksamen Mittel bestehen, welche die Grundrechtspositionen der Betroffenen weniger einschränken.

(1) Betroffene Grundrechtspositionen

Betroffen sind hier einerseits je nach Gegebenheiten der Schwangerschaft entweder das körperliche und seelische Wohlbefinden der Mutter oder sogar deren Leben, sofern mit lebensbedrohlichen Komplikationen während der Schwangerschaft zu rechnen ist. Allerdings werden in der Vielzahl der PID-Fälle wohl die körperlichen und vor allem seelischen Belastungen, welche die Schwangerschaft und später ein behindertes oder schwerkrankes Kind mit sich bringen, im Vordergrund stehen, sei es z.B., daß Eltern, welche bereits ein todkrankes Kind hatten, nicht noch einmal die Erfahrung machen wollen, dieses bis zu seinem baldigen Tod zu pflegen, sei es,

---

[259] bezüglich der *Richtigkeit* dieser Aussage unbestritten: BVerfGE 39, 1 (41)
[260] HUFEN, MedR 01, 440 (449)
[261] HUFEN, a.a.O. (Fn. 260)

weil sie sich der gesteigerten Belastung eines zweiten behinderten Kindes nicht gewachsen sehen[262].
Dem gegenüber steht der Schutz frühembryonalen Lebens in vivo und in vitro als abstraktes Rechtsgut.

(2) Wirksamkeit der Mittel

Die gegenwärtige Gesetzeslage sieht sich unterschiedlicher Kritik ausgesetzt, so müsse sich nach einer Auffassung ein absolutes Verbot der PID nach ESchG vorhalten lassen, eine undifferenzierte Durchsetzung eines einseitig interpretierten Lebensschutzes entgegen aller Rechte der übrigen betroffenen Personen zu sein[263].
In diesem Sinn ließe sich möglicherweise daran denken, die PID unter bestimmten Auflagen zuzulassen, z.B. durch eine Regelung, die sich am Schwangerschaftsabbruch orientiert, also ein Verbot der PID, welches bei Vorliegen bestimmter Indikationen und im Wege einer Beratungslösung aufzuheben wäre. Hierbei müßte auch der besondere Schutz des frühen Embryos in vivo und in vitro Berücksichtung finden – etwa durch eine Einschränkung der PID allein auf pluripotente Zellen. Weiterhin müßte gewährleistet sein, daß ein Mißbrauch zu anderen Zwecken als dem Schutz der betroffenen grundrechtlichen Positionen der Eltern vorgebeugt wird; die PID dürfte nicht zu gesundheitlich irrelevanten Diagnosezwecken eingesetzt werden, etwa zur alleinigen Geschlechtsbestimmung etc.

Um als ebenso wirksames Mittel zu gelten, müßte eine solche Lösung aber nicht nur die Grundrechte der Betroffenen weniger einschränken, sondern auch die gleichen Erfolge erzielen.

Nun könnte man einwenden, daß durch ein absolutes Verbot der PID eben das höchste Maß an Wirksamkeit erreicht werde, weil es dann zu gar keiner Verwendung des frühen Embryos käme[264]. Allerdings kann man diese Wirksamkeitsbetrachtung nicht losgelöst von der Zielsetzung des ESchG betrachten. Daß das ESchG durchaus der Verwendung, ja sogar dem Verbrauch von Embryonen nicht grundsätzlich entgegentritt, wurde bereits gezeigt. Insofern würde eine Regelung der PID, welche mit Einschränkungen, die den Zielsetzungen des ESchG entsprechen, also u.a. die Leihmutterschaft, die Auswahl nach gesundheitlich irrelevanten Eigenschaften oder die Verwendung totipotenter Zellen verbietet, aus Sicht einer Wirksamkeitsbetrachtung genügen, da das völlige Verbot der PID über die Wertungen des ESchG hinausschießt, in denen sich die Grenzen des vom Gesetzgeber erwogenen Schutzes frühembryonalen Lebens ausdrückt.

---

[262] zu einer insofern bestehenden Parallele zum Schwangerschaftsabbruch und entsprechenden Nachweisen zur Problematik wird im Verlauf der Prüfung an einem späteren Punkt einzugehen sein

[263] HUFEN, MedR 01, 440 (449)

[264] RENZIKOWSKI, NJW 01, S. 2753 (2757); SCHNEIDER, Aspekte, S. 261; STARCK, JZ 02, S. 1095 (1096)

(3) Zusammenhang zwischen PND und PID

Neben diesen Überlegungen ist noch eine weitere Besonderheit, welche sich aus dem totalen Verbot der PID ergibt, zu beachten:
Durch dieses werden die betroffenen Paare zu einer „Schwangerschaft auf Probe", also der Durchführung einer Schwangerschaft mit anschließender PND, verleitet, sofern sie an ihrem Wunsch nach einem gesunden Kind festhalten wollen[265]. Diese ist jedoch mit erheblichen gesundheitlichen Risiken und Belastungen für die Schwangere verbunden, insbesondere bei mehreren solchen Schwangerschaften und anschließender Abtreibung[266].

(a) Vergleichbarkeit der Diagnosemethoden

Nach einer Auffassung sei ein Vergleich zwischen beiden Diagnoseverfahren grundsätzlich abzulehnen, weil es sich bei der PND um eine Methode zur Heilung und Beruhigung der Schwangeren handele, wohingegen die PID allein selektiven Zwecken diene[267].
Nach anderer Auffassung kann dem jedoch nicht zugestimmt werden: PND und PID seien in bezug auf ihren Selektionscharakter durchaus vergleichbar, was besonders durch empirische Studien deutlich werde, so etwa daß von 954 Fällen, in denen durch PND eine Trisomie 21 diagnostiziert wurde, 857 zu einer Abtreibung führten[268]. Angesichts dieser ca. 90 %igen Abtreibungsquote könne wohl kaum von einer lebenserhaltenden, selektionsfreien Methode gesprochen werden – lediglich in bezug auf die Gesamtzahl der Abtreibungen lasse sich nach Einführung der PND ein Rückgang der durchgeführten Schwangerschaftsabbrüche nachweisen[269]. Gehe ein Erst-Recht Schluß von der Zulässigkeit der PND auf die PID auch fehl, so zeige sich am Beispiel der PND doch, daß eine Selektion von Embryonen in Deutschland bereits rechtlich zulässig sei und durchgeführt werde[270]. Dann wäre es aber ein Wertungswiderspruch, die PID aufgrund ihres Selektionscharakters völlig zu verbieten.

(b) Effizienterer Schutz bei der PND aufgrund der mütterlichen Bindung?

Nun ließe sich dem entgegenhalten, daß bei der Schwangerschaft mit anschließender PND aufgrund der erwähnten Bindung zwischen Schwangerer und Embryo

---

265 BÖCKENFÖRDE-WUNDERLICH, Rechtsproblem, S. 224
266 GIWER, Rechtsfragen, S. 110 f.; HUFEN MedR 01, 440 (444)
267 FAßBENDER, NJW 01, S. 2745 (2747) unter Bezug auf KELLER/GÜNTHER/KAISER, ESchG, Einleitung A V, Rn. 37 ff.
268 FROMMEL, Reproduktionsmedizin, S. 158 (163) unter Bezug auf: KOLLEK, Präimplantationsdiagnostik, S. 135; hierzu auch FAßBENDER, NJW 01, S. 2745 (2747); vgl. auch: BT-Dr 14/1045, S. 12
269 FROMMEL, a.a.O. (Fn. 268); KOLLEK, a.a.O. (Fn. 268); FAßBENDER, a.a.O. (Fn. 268)
270 HEPP, Frauenarzt 00, 831 (831); SCHROTH, JZ 02, S. 170 (174); FROMMEL, Reproduktionsmedizin, S. 158 (163 f.)

zumindest die Möglichkeit bestehe, daß die Schwangere sich gegen eine Abtreibung entscheiden werde[271], und somit ein effizienterer Schutz des Rechtsguts gewährleistet sei, da zumindest die Möglichkeit begünstigt werde, daß die Schwangere sich für das Kind entscheidet.
Von der Frage nach der empirischen Richtigkeit dieser Behauptung abgesehen ist bezüglich dieses Einwandes jedoch weiteres zu beachten:
Zwar mag man dadurch, daß man der Schwangeren das Entstehen des Konflikts zwischen Bindung zum Embryo und den zukünftig zu erwartenden Belastungen vorschreibt, die Möglichkeit einer Entscheidung für das embryonale Leben schaffen. Dennoch passiert dies auf Kosten der Schwangeren, der man das Risiko eines solchen Konflikts aufbürdet. Damit hat man aber die geringfügige Verbesserung der Chancen embryonalen Lebens dadurch „erkauft", daß man die grundrechtliche Stellung der Mutter verschlechtert. Noch offensichtlicher tritt dies in dem Fall zu Tage, wo die Schwangere bereits weiß, daß sie Risikoträgerin ist. Dann wäre sie nämlich gleich mehrfach belastet: Erstens sähe sie sich bis zur Durchführung der PND den psychischen Einwirkungen ausgesetzt, welche mit der Sorge um den Gesundheitszustand des Kindes einhergehen. Zweitens würde sie dazu gezwungen, sich der ebenfalls belastenden Konfliktsituation auszusetzen, die mit der Entscheidung zwischen Austragen des Kindes und einer Abtreibung verbunden sind.
Abgesehen davon, daß schon Zweifel an der Verfassungsmäßigkeit einer Maßnahme angemeldet werden müssen, bei der die Schwangere um des objektiven Schutzes embryonalen Lebens willen einem gravierenden psychischen Konflikt ausgesetzt wird, ändert sich am Verhältnis zwischen legitimem Zweck und beeinträchtigter Grundrechtsposition nichts:
Was man an Schutz des embryonalen Lebens gewonnen hat, verliert man durch tiefer greifende Beeinträchtigungen der Grundrechte der Mutter. Folglich ist die bei der PND eventuell bestehende mütterliche Bindung unerheblich für die Frage nach der Vergleichbarkeit beider Methoden.

(c) Bessere Zugriffsmöglichkeit bei der PID auf den Embryo

Neben dem allgemeinen Schutz frühen embryonalen Lebens vor Vernichtung besteht weiterhin noch der vor Mißbrauch. Eben diese Mißbrauchsmöglichkeiten sind im Rahmen der PND jedoch in ähnlichem Maße gegeben wie bei der PID, da hier ebenfalls nach gesundheitsunspezifischen Merkmalen selektiert werden könnte – wenn auch die Zugriffsmöglichkeiten auf den Embryo bei der PID größer sind.
Diese Zugänglichkeit des Embryos ist jedoch einzig für den Fall relevant, daß nicht etwa sein Verwerfen im Raum steht, sondern seine Manipulation. Diese stellt jedoch zunächst keine Vernichtung embryonalen Lebens dar.

---

[271] SCHNEIDER, Aspekte, S. 258; STARCK, JZ 02, S. 1095 (1096)

(d) PID und PND: Quantitative und qualitative Unterschiede

Als letzter Unterschied bliebe dann die erhöhte Anzahl befruchteter Eizellen in Erwägung zu ziehen. So könnte man argumentieren, daß aufgrund der bei der PID erzeugten Zahl an Embryonen, von denen entsprechend auch mehr verworfen würden (die Anzahl der zu verpflanzenden Embryonen bliebe gleich), hier ein Mehr an embryonalem Leben vernichtet würde.
Nun darf man jedoch nicht vergessen, daß die PID eine Methode ist, welche für die Eltern, insbesondere die Mutter, mit einer hohen gesundheitlichen Belastung verbunden ist:
Im Rahmen der IVF kommt es zu einer gesundheitlich nicht ungefährlichen und belastenden hormonellen Stimulation, darüber hinaus besteht eine höhere Chance auf eine Mehrlingsschwangerschaft, welche ebenfalls mit größeren Gesundheitsrisiken verbunden ist als eine reguläre Schwangerschaft.
Dahingegen stellt die PND eine Standardmaßnahme für die meisten Schwangeren mit darüber hinaus geringer gesundheitlicher Belastung dar. Daß die PND auf den Einzelfall bezogen eine selektive Methode ist, wurde oben bereits ausgeführt. Will man nun eine Gesamtrechnung anstellen, so ist zweierlei zu bedenken.
Zum einen ist aufgrund der viel selteneren Anwendung der PID davon auszugehen, daß letztendlich mehr Embryonen aufgrund der PND getötet werden würden, als durch die Erzeugung überzähliger bei der PID.
Zum anderen wurde ebenfalls schon erwähnt, daß die Anzahl der Abtreibungen insgesamt seit Einführung der PND zurückgegangen sind, was wohl darauf zurückführen ist, daß vorher mehr Abtreibungen auch auf Verdacht durchgeführt wurden. Angesichts der sog. „Schwangerschaft auf Probe" dürfte jedoch damit zu rechnen sein, daß auch bei einer beschränkten Zulassung der PID solche Schwangerschaftsabbrüche entfallen würden.
Schließlich ist neben dem rein quantitativen Aspekt auch der qualitative zu bedenken: Die PND wird frühestens in der 11. Schwangerschaftswoche mit Untersuchung des Mutterkuchens, hauptsächlich jedoch ab der 14. Woche mit der Fruchtwasserentnahme durchgeführt – also im dritten. Monat, in dem der Embryo für gewöhnlich schon die Entwicklung aller Organe weitgehend abgeschlossen hat. Dagegen findet eine PID noch vor Nidationsreife des Embryos statt, die nach ca. vierzehn Tagen erreicht ist. Nun mag man gegen eine solche Unterscheidung einwenden, daß diese deswegen unerheblich ist, weil in jedem Fall die Vernichtung des embryonalen Lebens im Raum steht, jeder Eingriff in das Recht stellt also gleichzeitig eine völlige Aufhebung desselben dar. Dies hätte jedoch nur für den Fall Relevanz, daß ein Embryo in den erwähnten Stadien Träger eines Grundrechts auf Leben und somit sein Leben Schutzgut wäre, was aber im Rahmen einer objektiven staatlichen Gewährleistungspflicht gerade nicht zutrifft.
Somit läßt sich festhalten: PID und PND sind vergleichbare Methoden, sowohl was die quantitative Beeinträchtigung embryonalen Lebens als auch die Qualität dieser Beeinträchtigung anbelangt. Aus der Erlaubnis der PND läßt sich weiter schließen, daß eine Selektion nicht grundsätzlich unvereinbar mit der staatlichen Pflicht zum

Schutz embryonalen Lebens ist. Sofern eine eingeschränkte PID das Rechtsgut embryonalen Lebens in gleichem Maße beeinträchtigt wie die PND, stellt ein solches eingeschränktes Verbot im Vergleich zu einem absoluten ein milderes Mittel dar.

Folglich wäre eine unter entsprechenden Auflagen erlaubte PID, jedenfalls in bezug auf die Grundrechtsposition der Schwangeren aus Art. 2 I S. 2 GG, ein milderes Mittel, da hierdurch sowohl die Konfliktsituation zwischen emotionaler Bindung an den Embryo und Angst vor einer Krankheit desselben während der Schwangerschaft, als auch die Belastung aufgrund der antizipierten Folgen umgangen werden könnten.
Im Falle der Notwendigkeit einer IVF zur Herbeiführung der Schwangerschaft ließe sich außerdem die erhöhte gesundheitliche Belastung durch mehrere künstliche Befruchtungen vermeiden.

(e) Exkurs: Paare, die nicht auf eine IVF angewiesen sind

Ergänzend anzumerken ist hierbei noch, daß bei Paaren, welche auch ohne IVF in der Lage wären, Kinder zu zeugen, aber trotzdem Risikoträger sind, noch die gesundheitlichen (auch psychischen) Belastungen durch eine IVF ? hinzukommen. Deswegen wird vertreten, daß bei solchen Paaren nicht von einer geringeren gesundheitlichen Belastung im Vergleich zur Durchführung einer PND ausgegangen werden könne[272].
Dies mag zwar richtig sein – es ist jedoch fraglich, ob dies auch erheblich ist: Denn der entscheidende Grund für eine Abtreibung nach medizinisch-sozialer Indikation, für das Durchführen einer PID oder einer PND dürften grundsätzlich nicht die zu erwartenden Belastungen der Schwangerschaft und ihrer Herbeiführung sein, sondern die antizipierten Belastungen, welche sich nach der Geburt für die Eltern ergäben[273], sei es aufgrund einer Krankheit mit nur geringer Lebenserwartung oder aufgrund einer schweren Behinderung. Diese Kriterien stehen im Vordergrund – weshalb eine Unterscheidung zwischen Risikopaaren, die auf eine IVF angewiesen sind, und anderen in bezug auf die grundrechtliche Beeinträchtigung dahinstehen kann. Beiden Gruppen ist gemein, daß bestimmte zukünftige Folgen, welche sich aus dem Gesundheitszustand des Kindes ergeben, vermieden werden sollen - ebenso wie im Falle einer PND mit anschließender Abtreibung.
Somit stellen die aus diesen zukünftigen Folgen erwachsenden Belastungen, egal ob diese sich rein psychisch oder auch körperlich manifestieren, eine zumindest gleich schwerwiegende Beeinträchtigung des Rechts aus Art. 2 I S. 2 GG dar, unabhängig von der zur Herbeiführung einer Schwangerschaft gewählten Methode, so daß die Erforderlichkeitsprüfung für beide Konstellationen gleichermaßen gilt.

---

[272] SCHNEIDER, Aspekte, S. 255 unter Bezug auf: WOOPEN, Zeitschrift für medizinische Ethik 99, S. 233 (240)
[273] FROMMEL, Reproduktionsmedizin, S. 158 (163); WOOPEN, Zeitschrift für medizinische Ethik 99, S. 233 (240)

iv. Ergebnis zum 3. Teil: B. V. 1. b.

Damit läßt sich festhalten, daß ein absolutes Verbot der PID in bezug zum Konflikt zwischen staatlicher Schutzpflicht und Recht auf körperliche Unversehrtheit der Schwangeren nicht verhältnismäßig wäre, da es an der Erforderlichkeit eines solchen Verbots mangelt.

c. Schutz des menschenwürdebezogenen Menschenbildes

Neben der Menschenwürde als individuelle Würde der einzelnen Person existiert diese auch als Würde des Menschen als Gattungswesen[274]. In dieser Funktion schütze sie ein normativ-symbolisches Bild der Menschheit von sich selbst[275]. Aus dieser Schutzfunktion könnte sich daher ein Verbot der PID verfassungsrechtlich rechtfertigen lassen; dieses müßte auch verhältnismäßig sein.

i. Legitimer Zweck

Es ist nun zu prüfen, auf welche staatlichen Ziele eine solche Menschenbildkonzeption aufbauen könnte und in welchem Umfang sie verfassungsrechtlich Bestand haben kann.
Nach überwiegender Auffassung sollen hierdurch all jene Einflüsse abgewehrt werden, welche die Einzigartigkeit der Gattung Homo Sapiens bedrohen und damit die Möglichkeit des Individuums, sich mit der Gattung zu identifizieren[276].
Darunter fiele auch, mit embryonalem Gewebe wie mit einer Sache umzugehen, jeder willkürliche Umgang, frivole oder sinnlose Experimente, der Handel[277], kurz alle Handlungen, die als Verweigerung der von der Gesellschaftlich zu erbringenden Achtung angesehen werden können.
Außerdem ergäben sich hieraus auch der postmortale Schutz[278] und das Verbot des reproduktiven Klonens[279].

Diese Schutzzwecke stehen in einem Spannungsverhältnis zu der Frage, ob die Etablierung eines bestimmten Menschenbildes überhaupt legitimer Zecke einer Verhaltensvorschrift sein kann und soll.
Wenn man statt der Menschenwürde die Würde der Menschheit als Schutzobjekt der entsprechenden moralischen und rechtlichen Normen betrachtet, so hat dies zur Folge, daß auch solche Beeinträchtigungen menschlicher Individuen erfaßt sind,

---

[274] BVerfGE 87, 209 (228); JARASS, in: J/P, Art. 1, Rn. 6; HÖFLING, in: SACHS, Art. 1 Rn. 42
[275] MERKEL, Forschungsobjekt Embryo, S. 40
[276] MERKEL, a.a.O.
[277] IPSEN, JZ 01, S. 989 (996); MERKEL, Forschungsobjekt Embryo, S. 188
[278] IPSEN, JZ 01, S. 989 (993)
[279] MERKEL, Forschungsobjekt Embryo, S. 40 unter Verweis auf: HÖFLING, in: SACHS, Rn. 23 u. 42

die als individuelle Träger menschlicher Würde nicht in Betracht kommen[280]. Dies würde jedoch auch darauf hinauslaufen, daß anstelle von Menschen allgemeine Prinzipien geschützt werden, was wiederum die Gefahr birgt, in den Schutz von Ideologien auszuarten, die nicht wegen Ihrer positiven Folgen, sondern um ihrer selbst willen geschützt werden[281] - die Folgen könnten von der staatlichen Bevormundung bis zum Meinungsterrorismus reichen[282].

Daher sei der Schutz des Menschenbildes unter Rückgriff auf die Menschenwürde auf solche Extremfälle zu beschränken, in denen nach einhelliger Auffassung nicht hinnehmbare Beeinträchtigungen des Menschenbildes vorliegen[283].

Die dargebrachten Einwände sind zweifelsohne zutreffend – jedoch nur für den Fall, daß an die Stelle des Schutzes der Menschenwürde des Einzelnen die Würde der Menschheit unter Beibehaltung des intrinsischen Charakters tritt. Eine unantastbare Würde der Menschheit zu schützen, bedeutet eine Tyrannei der Würde[284] schaffen.

Zu Recht wird kritisch eingewandt, daß in der Verfassung nur von der Würde des Menschen die Rede ist, nicht derjenigen der Menschheit[285] – dann kann aber auch nur erstgenannte unantastbar sein, die Würde der Menschheit kann die Menschenwürde keinesfalls ersetzen, höchstens als objektives Prinzip ergänzen.

Anders als der subjektiv-rechtliche Schutz der Menschenwürde ist ihr objektiver Schutzgehalt daher einer Abwägung auch mit anderen Grundrechten offen[286], angesichts der Weite des Schutzkonzepts sogar umfassend notwendig[287]. Denn das Menschenbild sei wandelbar, ideologieanfällig, und umfasse viele Schutzzwecke, die nicht kollisionsfrei nebeneinander Bestand haben können[288].

Dies zeige sich beispielsweise am Leichenschutz, welcher schon bei Verdacht auf Vorliegen einer Straftat im Rahmen einer Autopsie einer umfassenden Strafverfolgung weiche, selbst wenn keine Einwilligung der Angehörigen vorliege[289].

Auf die Ausgangsfrage nach der Vereinbarkeit des Schutzes eines bestimmten Menschenbildes mit dem Aufstellen einer Verhaltensvorschrift bezogen läßt sich daher festhalten, daß dies grundsätzlich durchaus zulässig ist, solange die Würde der Menschheit (mithin die Konservierung eines bestimmten Menschenbildes)

---

[280] NEUMANN, ARSP 88, 138 (144)
[281] NEUMANN, ARSP 88, 138 (145)
[282] NEUMANN, ARSP 98, 153 (162) (jetzt in: KETTNER, Biomedizin S. 56)
[283] NEUMANN, a.a.O. (Fn. 282)
[284] zu diesem Ausdruck: NEUMANN, ARSP 98, 153 (152)
[285] so HERDEGEN, in: MAUNZ/DÜRIG, Art. 1 Abs. 1, Rn. 29, der jedoch einen rein objektiven Schutz ablehnt - vgl. dazu o. u.: 3. Teil: B. III. 1. b. ii. (5) (a)
[286] so im Ergebnis auch: MERKEL, Forschungsobjekt Embryo, S. 188 f.
[287] MERKEL, Forschungsobjekt Embryo, S. 113; so wohl grundsätzlich auch LAGODNY, Schranken, S. 272, der für eine zurückhaltende Heranziehung von Grenzen aus objektiv-rechtlichen Gehalten bei der Aufstellung von „verfassungsrechtlichen Verboten“ plädiert
[288] MERKEL, Forschungsobjekt Embryo, S. 113 f.
[289] IPSEN, JZ 01, S. 989 (993); MERKEL, a.a.O. (Fn. 288)

nicht anstelle der Menschenwürde tritt und man das Prinzip der Unantastbarkeit nicht auf diese ausdehnt.

ii. Eignung

Das absolute Verbot der PID müßte weiter geeignet sein, Beeinträchtigungen des würdebezogenen Menschenbildes zu verhindern. Als eine solche Beeinträchtigung ist grundsätzlich auch die Selektion anzusehen. Die Auswahl eines gesunden Embryos gegenüber z.B. solchen mit schweren genetischen Defekten würde eine Form der Selektion darstellen.
Außerdem ist die Frage zu berücksichtigen, ob jeder Anwendung der PID gleichzeitig eine Verletzung des Menschenbildes, also ein willkürlicher Umgang mit dem Embryo, eine Mißachtung frühembryonalen menschlichen Lebens, innewohnt. Wenn man die Beeinträchtigung des Menschenbildes im Selektionscharakter der PID sieht, so muß man dies bejahen.
Diese Form der Selektion könnte durch ein Verbot der PID unterbunden werden. Nun könnte man daraus, daß die PND eine erlaubte und standardmäßig angewandte Methode ist, den Schluß ziehen, daß eine Selektion bereits stattfinde und somit das Ziel der Einschränkung einer solchen durch ein Verbot der PID nicht mehr erreicht werden könne, es also an einer Eignung des Verbots bereits fehle. Außerdem ließe sich auch jegliche Manipulation am Embryo bei Erlaubnis der PID verbieten, hierdurch allein wäre ein Verbot also nicht gerechtfertigt.
Da ein Zugriff auf den Embryo in vitro viel einfacher ist, und damit auch jede Manipulation, existiert jedoch ein über das im Falle der PND bestehende Schutzinteresse hinaus gehender Bedarf, diesen vor willkürlichem Umgang zu bewahren. Daher kann davon ausgegangen werden, daß ein Verbot der PID auch grundsätzlich geeignet ist, um eine mögliche Beeinträchtigung des gesellschaftlichen Menschenbildes zu unterbinden.

iii. Erforderlichkeit

Neben einem totalen Verbot der PID dürfte es keine Mittel geben, welche bei gleicher Wirksamkeit die Rechte der Mutter aus Art. 2 I S. 2 GG weniger stark einschränken. Wiederum stellt sich die Frage, ob ein eingeschränktes Verbot nicht gleichermaßen wirksam wäre, und gleichzeitig eine weniger schwerwiegende Grundrechtsbeeinträchtigung darstellen würde. Zunächst ist daher zu klären, ob in der Erzeugung von mehr Embryonen und im Verwerfen solcher mit bestimmten Merkmalen eine Beeinträchtigung zu sehen ist.

(1) Erzeugung von Embryonen

Zur Erzeugung läßt sich sagen, daß diese nicht willkürlich ist, sondern gerade dem Zweck der Verbesserung der Chance der Herbeiführung einer Schwangerschaft und

einer Verringerung des Gesundheitsrisikos der Schwangeren wie auch der zu verpflanzenden Embryonen dient[290].
Dies stellt sich zwar für den einzelnen Embryo anders dar, weil dessen Überlebenschancen zugunsten der anderen verschlechtert werden, doch könnte dies nur für den Fall relevant sein, daß der Embryo Träger eines Grundrechts aus Art. 1 I GG wäre, was aber nicht zutrifft.
Weiter erscheint es willkürlich, angesichts von Legalität von Nidationshemmern und IVF eine Gefährdung des Menschenbildes konstruieren zu wollen, wenn zum Zweck einer erhöhten Schwangerschaftsrate und eines verringerten Gesundheitsrisikos eine geringfügig größere Anzahl Embryonen erzeugt wird, als bisher vorgesehen[291]. Aus einer Gesamtbetrachtung der PID ergibt sich, daß jeder der erzeugten Embryonen gewollt zumindest das Potential in sich trägt, verpflanzt zu werden. Dann aber existiert für alle erzeugten Embryonen zumindest das Fernziel, diese zu verpflanzen, was eine willkürliche Behandlung jedenfalls für die Erzeugung ausschließt. Eine Garantie zur Verpflanzung und besonders zur Erhaltung jedes erzeugten Embryos gibt es außerdem nicht – und dies wäre angesichts der Anzahl morphologischer Fehlbildungen auch illusorisch[292]. Im übrigen würde es auch einen Wertungswiderspruch darstellen, wenn man angesichts der Erlaubtheit der IVF von einer unbedingten Pflicht zum Erhalt jedes erzeugten Embryos ausgehen würde. Bisher wurden etwaige Bedenken hinsichtlich einer Gefährdung des Achtungsanspruchs gegenüber Embryonen in vitro für diese Methode nicht angemeldet[293].

(2) Verwerfen des Embryos

Ist in der Erzeugung selbst keine Beeinträchtigung zu sehen, so könnte diese eventuell im Verwerfen bzw. Stehenlassen der Embryonen vorliegen, welche bestimmte genetische Defekte oder Krankheitsanlagen in sich tragen.
So wird argumentiert, daß durch die Auswahl und das Verwerfen eine Form der Selektion betrieben werde, also eine negative Eugenik[294]. Nun wurde bereits festgestellt, daß eine solche ebenso für die Methode der PND vorliegt, und in diesem Fall auch akzeptiert wird, was sich an der standardisierten Anwendung dieses Diagnoseverfahrens und den damit verbundenen Abtreibungen zeige[295]. Wenn diese aber eine gesellschaftliche Billigung erfährt, so fragt sich, ob eine mit entsprechenden Auflagen versehene PID dies nicht ebenso vermag. Gegner der PID wenden dagegen ein, daß bei der PND nicht nur vernichtende, sondern auch heilende Ein-

---

[290] vgl. FROMMEL, Reproduktionsmedizin, S. 158 (160)
[291] vgl. insbesondere zur Anzahl: FROMMEL, Reproduktionsmedizin, S. 158 (159 f.)
[292] vgl. Jahresbericht des Deutschen IVF Registers, S. 9 http://www.deutsches-ivf-register.de/ so wurden 2001 bei 54098 Behandlungen 49710 Eizellen fertilisiert, von denen nur 48620 transferiert wurden, welche zu 13666 klinischen Schwangerschaften führten
[293] vgl. HERDEGEN, in: MAUNZ/DÜRIG, Art. 1 Abs. 1, Rn. 95
[294] BECKMANN, MedR 01, S. 169 (174); BÖCKENFÖRDE-WUNDERLICH, Rechtsproblem, S. 13 (m.w.N.); darstellend: FROMMEL, Reproduktionsmedizin, S. 158 (175)
[295] FAßBENDER, NJW 01, 2745 (2747); FROMMEL, a.a.O. (Fn. 294); HUFEN, MedR 01, 440 (446)

griffe denkbar seien, was bei der PID nicht der Fall sei[296]. Dies ist zwar zutreffend, vermag aber nichts daran zu ändern, daß für den Fall einer PND bei Vorliegen schwerer Krankheiten oder Behinderungen dies dennoch in nahezu allen Fällen auch zu einer Abtreibung führt. Außerdem zeigt sich am Fall des sog. „Lübecker Babys"[297], daß für Risikopaare die PND die gleiche Funktion der Selektion erfüllt wie die PID:
1995 hatte ein Paar, bei dem beide Ehepartner Träger einer Mukoviscidosemutation waren und deren Kind an Mukoviscidose erkrankt war, einen Antrag auf Durchführung einer PID an die Ethikkommission der Medizinischen Universität zu Lübeck gestellt. Es waren bereits zwei Schwangerschaften abgebrochen worden, nachdem durch PND das Vorliegen der Krankheit bei den Feten festgestellt worden war, so daß die Eltern eine künstliche Befruchtung mit anschließender PID anstrebten.
Der Fall macht deutlich, daß die PND in gleicher Weise eine Selektionsmöglichkeit eröffnet wie die PID.

(3) Mögliche Wertungswidersprüche

Mit Blick auf die Zielsetzung eines Verbots der PID ist noch ein weiterer Punkt zu beachten: Bedenkt man, daß der Einsatz von Nidationshemmern erlaubt und gesellschaftlich anerkannt ist, so stellt sich die Frage, ob es eines Verbots auch einer eingeschränkten PID überhaupt bedarf. Zielsetzung ist der Schutz des Achtungsanspruchs frühembryonalen Lebens. Wenn es aber möglich und gesellschaftlich anerkannt ist, frühe Embryonen durch Verhinderung der Einnistung zu vernichten, stellt sich die Frage, ob der durch das Verbot der PID erwirkte Achtungsanspruch in diesem Maße überhaupt notwendigerweise zu schützen ist. Andernfalls würde man für die PID in viel höherem Maß einen Achtungsanspruch fordern als im Fall der Nidationshemmer. Ein solches Mißverhältnis ließe sich jedoch nicht begründen und wäre willkürlich, ganz unabhängig davon, daß schon quantitativ davon ausgegangen werden kann, daß deutlich mehr embryonales Leben durch Nidationshemmer als durch die PID vernichtet würde.

(4) Selektionsmöglichkeiten bei der PID

Schließlich wird argumentiert, daß durch die Erlaubnis der PID der Schwangeren eine umfassende Möglichkeit zur Selektion gewährt würde, da diese jederzeit den Transfer auch bei geringfügigen Krankheiten verweigern könnte[298].
Dem ist entgegenzuhalten, daß diese Selektionsmöglichkeit der Schwangeren zunächst davon abhängt, auf welche Merkmale die Diagnose durchgeführt wird. Einerseits übersteigt ein umfassendes Screening nach aktuellem Stand der Technik

[296] DÄUBLER-GMELIN, FAZ v. 22.05.2001, S. 1; KELLER/GÜNTHER/KAISER, ESchG, Einleitung A V, Rn. 37 ff.
[297] vgl. hierzu: GIWER, Rechtsfragen, S. 14; KOLLEK, Präimplantationsdiagnostik, S.24; Bericht der Bioethik-Kommission RLP, S. 22
[298] RENZIKOWSKI, NJW 01, S. 2753 (2758); STARCK, JZ 02, S. 1095 (1096)

die Möglichkeiten der PID[299], so daß eine Diagnose immer nur auf bestimmte Krankheitsbilder oder genetische Abweichungen beschränkt sein kann. Zweitens könnte man selbst bei umfassendsten medizinischen Diagnosemöglichkeiten den Analyseumfang bei der PID eben aus Mißbrauchsschutzerwägungen entsprechend einschränken. Folglich ließe sich eine Selektion nach anderen als für die Gesundheit der Schwangeren relevanten Merkmalen auch durch ein nur eingeschränktes Verbot der PID verhindern.

(5) Zusammenfassung zum 3. Teil: B. V. 1. c. iii.

Damit läßt sich festhalten, daß ein eingeschränktes Verbot der PID ein gleichermaßen effektives, jedoch weniger einschneidendes Mittel als das absolute darstellt, somit fehlt es an der Erforderlichkeit.

iv. Ergebnis zum 3. Teil: B. V. 1. c.

Auch in bezug auf das menschenwürdebezogene Menschenbild wäre ein absolutes Verbot der PID nicht verhältnismäßig.

d. Gewährleistung der gesellschaftlichen Integration von Behinderten

Durch die staatliche Pflicht zur Gewährleistung der gesellschaftlichen Integration Behinderter könnte ein umfassendes Verbot der PID gerechtfertigt sein. Dies ist auf seine Verhältnismäßigkeit zu prüfen.

i. Legitimer Zweck

Neben den individualrechtlichen Grundrechtspositionen Behinderter besteht auch eine objektiv-rechtliche Verpflichtung des Staates, Behinderten als Gruppe die Integration in die Gesellschaft zu ermöglichen, und deren Stellung zu verbessern[300]. Hierin drückt sich also der Schutz eines besonderen Achtungsanspruchs gegenüber Behinderten aus.

ii. Eignung

Viele Behinderte befürchten, daß durch Erlaubnis der PID ihre gesellschaftliche Stellung verschlechtert wird, da einerseits durch eine gesellschaftliche Erwartungshaltung Druck auf Eltern ausgeübt werde, sich gegen ein behindertes Kind zu entscheiden[301], andererseits erfolge durch Definition von Krankheiten, welche die

---

[299] Kollek, Präimplantationsdiagnostik, S. 106 f.

[300] Jarass, in: J/P, Art. 3 Rn. 126; Osterloh, in: Sachs, Art. 3, Rn. 307

[301] vgl. hierzu die Internetseite der Aktion Mensch zum Projekt „1000 Fragen" die Verknüpfung „Neue Entscheidungszwänge für werdende Eltern?": http://www.1000fragen.de/index.php?mo=13&pt=2&pi=6&pn=3#hl3 ; Haker, Stellungnahmen

Durchführung einer PID erlaubten, eine strukturelle Diskriminierung Behinderter[302]. Fraglich ist, ob angesichts der bereits bestehenden Möglichkeit, im Falle einer Behinderung nach medizinisch-sozialer Indikation abzutreiben, ein Verbot der PID überhaupt zu einer Verschlechterung der Situation Behinderter beitragen würde, da durch die dargestellte Regelung bereits eine gesellschaftliche Bewertung von Behinderungen vorliegt. Dies würde jedoch verkennen, daß es auch staatliche Aufgabe ist, die Stellung Behinderter in der Gesellschaft zu verbessern, nicht nur, ihren status quo zu wahren. Durch ein absolutes Verbot der PID könnte möglicherweise auch eine Signalwirkung dahingehend entstehen, daß die Akzeptanz Behinderter Vorrang vor einem elterlichen Wunsch auf ein gesundes Kind hat. Insofern wäre dieses Verbot auch geeignet, die festgestellten Zwecke zu erreichen.

iii. Erforderlichkeit

Wiederum ist zu prüfen, ob es neben dem totalen Verbot der PID möglicherweise ein milderes Mittel gibt, welches das Recht auf Leben und körperliche Unversehrtheit der Mutter weniger stark beeinträchtigt.

(1) Medizinisch-sozial indizierter Schwangerschaftsabbruch und PID

Möglicherweise könnte auch ein eingeschränktes Verbot der PID, etwa im Rahmen einer Beratungslösung, in gleicher Weise eine Beeinträchtigung der gesellschaftlichen Akzeptanz behinderter Menschen verhindern.
Zunächst ist zu bedenken, daß bei einer beratungsabhängigen PID eine der medizinisch-sozialen Indikation beim Schwangerschaftsabbruch ähnliche Situation geschaffen werden könnte. Dann bliebe als Unterschied zum Schwangerschaftsabbruch nur die zeitlich größere Konfliktnähe, welche sich aus der schon bestehenden Schwangerschaft ergibt. Ob dieser Unterschied jedoch für die Auswirkungen, die sich aus einem Schwangerschaftsabbruch wegen einer zu erwartenden Behinderung des Kindes ergeben, für das Bild der Behinderten in der Gesellschaft eine wahrnehmbare Relevanz haben, erscheint zweifelhaft. So sei Hauptanknüpfungspunkt der zukünftige Konflikt, der sich für die Mutter aus der zu erwartenden gesundheitlichen Gefährdung durch die Versorgung eines behinderten Kindes ergebe[303]. Dann aber wäre der Unterschied zwischen medizinisch-indiziertem Schwangerschaftsabbruch und PID in bezug auf die Wertung, welche für das Behindertenbild in der Gesellschaft zu ziehen ist, die gleiche. Dies ließe seinerseits den Schluß zu, daß aus einer an die medizinisch-soziale Indikation angeglichenen PID keine größere Be-

---

der Sachverständigen zur Öffentlichen Anhörung, S. 3 f.
http://www.bundestag.de/ftp/pdf_arch/med_hak.pdf

[302] vgl. hierzu auf der angegebenen Internetseite die Verknüpfung „Werden Menschen mit Behinderungen durch die PID diskriminiert?“:
http://www.1000fragen.de/index.php?mo=13&pt=2&pi=6&pn=4#hl4 ; vgl. auch: HAKER, a.a.O.; FAßBENDER, NJW 01, S. 2745 (2753)

[303] WOOPEN, Zeitschrift für medizinische Ethik 99, S. 233 (240)

einträchtigung für die Akzeptanz Behinderter in der Gesellschaft entstünde als aus der Abtreibungsregelung selbst.
Gegen dieses Abstellen auf die zukünftigen Belange wird nun eingewandt, daß die Bedeutung einer bestehenden Schwangerschaft verkannt werde[304]. Die gegenwärtige Zwangslage, daß ohne weitere entgegengehende Maßnahmen die Geburt eines behinderten Kindes bevorstehe, wirke sich entscheidend auf das Empfinden der Mutter aus[305]. Damit ist jedoch noch nichts darüber gesagt, ob und welche Schlüsse sich hieraus für das Behindertenverständnis in der Gesellschaft ergeben. So könnte man argumentieren, daß die bereits Schwangere aufgrund der noch größeren Belastung, die sich aus dieser Zwangslage ergibt, eher dazu geneigt ist, sich gegen das Austragen des Kindes zu entscheiden. Genausogut könnte man jedoch vertreten, daß sich durch den besonderen Druck der Situation lediglich die Intensität der Entscheidung erhöht, also eine Mutter, die gewillt ist, ein behindertes Kind auszutragen, im Fall der bestehenden Schwangerschaft um so überzeugter an diesem Wunsch festhält, während im anderen Fall der Wunsch, kein behindertes Kind zu haben, sich möglicherweise intensiviert. Empirische Untersuchungen zu dieser Frage liegen nicht vor. Eventuell kann die Entscheidung dieser Frage zur Beurteilung der Relevanz dieses Unterschiedes für die Belange der Behinderten auch dahinstehen. Zwar mag man einwenden, daß die Entscheidung einer Mutter, welche sich bereits der Dynamik einer Schwangerschaft ausgesetzt sieht, nachvollziehbarer ist, da diese unter einem größeren Entscheidungsdruck steht. Letztlich ist es jedoch die Behinderung, welche überhaupt zur Entstehung dieses Konflikts führt. Die Wertung ist jedoch in beiden Fällen die gleiche, denn die ideale Akzeptanzsituation wäre aus Sicht der Behinderten, wenn die Kenntnis über eine Behinderung des zukünftigen Kindes gar keinen Konflikt für die Mutter auslösen würde. Da dies jedoch nicht der Fall ist, und gerade die zu erwartende Behinderung für das Entstehen dieses Konflikts ausschlaggebend ist und eine Abtreibung ermöglicht, mag es aus Sicht der Behinderten dahinstehen, ob die Mutter sich nun auch wegen der bereits bestehenden Schwangerschaft gegen das Kind entscheidet oder „lediglich" aufgrund der zu erwartenden Behinderung.

(2) Indikationskatalog

Eines der Hauptargumente gegen die PID ist, daß durch das Erstellen eines Indikationskataloges, also einer Liste von Krankheiten und Behinderungen, bei der eine PID zulässig wäre, ein Werturteil auch über die Träger dieser Krankheiten und Behinderungen gefällt werde[306], was durch ein Verbot der PID verhindert werden könnte. Allerdings könnte durch eine eingeschränkte PID die Notwendigkeit eines Indikationskataloges umgangen werden, etwa wenn anstatt einer Liste von Krank-

---

[304] SCHNEIDER , Aspekte, S. 251
[305] SCHNEIDER , a.a.O.; zustimmend STARCK, JZ 02, S. 1095 (1096)
[306] HENN, Wortprotokoll der 11. Sitzung der Enquete-Kommission Recht und Ethik der modernen Medizin, S. 21 und FINKE, Wortprotokoll der 11. Sitzung der Enquete-Kommission Recht und Ethik der modernen Medizin S. 48 f. http://www.bundestag.de/ftp/pdf/medi_oe3.pdf

heiten entweder mit Hilfe eines Ärztebeirates, durch ein unabhängiges Gremium, oder im Rahmen einer Beratungslösung, angelehnt an den Schwangerschaftsabbruch, eine Entscheidung für den Einzelfall getroffen würde.

(3) Selektionsautomatismus

Problematisch erscheint in diesem Zusammenhang bei der PID der sog. Selektionsautomatismus. Wird auf eine bestimmte genetische Abweichung untersucht, so sei bereits über das Schicksal der Embryonen entschieden, welche die entsprechenden Merkmale aufweisen, d.h. es bestehe ein Automatismus zum Verwerfen eines Embryos[307]. Dies könnte sich nun nachteilig auf die Akzeptanz Behinderter auswirken, wenn man darin das Schaffen eines faktischen Indikationskataloges sehen würde – sofern Abtreibungen bei Vorliegen einer bestimmten Behinderung fast immer stattfänden, würde eine Wertung bezüglich ebendieser Art der Behinderung abgegeben, nämlich daß Träger derselben unerwünscht seien[308].
Hiergegen läßt sich nun einerseits einwenden, daß nicht der Träger der Behinderung, sondern die Behinderung selbst gesellschaftlich unerwünscht ist. Daß sich eine Behinderung immer auch als eine Benachteiligung des Betroffenen auswirkt, zeigt sich bereits im verfassungsrechtlichen Gebot, ebendiese auszugleichen und eine Integration Behinderter in die Gesellschaft zu fördern. Daher liegt es auf der Hand, daß das Entstehen einer solchen Benachteiligung auch als unerwünscht angesehen werden kann. Dadurch ist jedoch doch noch keine Aussage über die Erwünschtheit eines von der Benachteiligung betroffenen abgegeben worden. Einen Zusammenhang zwischen diesen beiden Feststellungen anzunehmen, wäre eine fehlerhafte und fatale Verkürzung von Tatsachen.
Andererseits erscheint es äußerst fraglich, ob sich auch aus der Vielzahl individueller Entscheidungen betroffener Paare eine eindeutige Wertung ableiten ließe. Denn obwohl sich dann gewissermaßen ein Gesamtbild abzeichnen würde, welches auch Aufschluß über die häufigsten Gründe der Durchführung einer PID geben könnte, darf man nicht vergessen, daß jede einzelne Entscheidung dieses Gesamtbildes auf einer individuellen Abwägung beruht. Selbst wenn man von einer Beeinflussung aufgrund eines solchen Gesamtbildes ausgeht, so könnte man dieser dadurch begegnen, daß man Statistiken über durchgeführte PID-Fälle nicht veröffentlicht. Außerdem ist zu bedenken, daß aufgrund der bestehenden Möglichkeiten der Abtreibung von kranken oder behinderten Kindern bereits seit langem derartige Wertungen vorgenommen werden können, so daß ein völliges Verbot der PID insofern bereits nicht geeignet wäre, geschweige denn erforderlich, um Verbesserung der Akzeptanz Behinderter zu erreichen oder eine Beeinträchtigung zu verhindern.

---

307 SCHNEIDER , Aspekte, S. 132
308 so auch FINKE, Wortprotokoll der 11. Sitzung der Enquete-Kommission Recht und Ethik der modernen Medizin S. 49 http://www.bundestag.de/ftp/pdf/medi_oe3.pdf

(4) Sonstige Beeinträchtigungen hinsichtlich der gesellschaftlichen Integration Behinderter

Doch selbst wenn kein Indikationskatalog, faktischer oder echter, von Krankheiten und Defekten aufgestellt wird, bei denen eine PID als zulässig anzusehen ist, könnte durch eine Erlaubnis der PID möglicherweise das Bild der Behinderten in der Gesellschaft negativ beeinträchtigt werden.

Zwar räumen die Interessenverbände Behinderter teilweise selbst ein, daß die Entscheidung eines individuellen Paares zur Inanspruchnahme einer PID keine Diskriminierung einer Gruppe von Menschen mit Behinderungen darstelle, jedoch sei in der gesellschaftlichen Etablierung dieses Verfahrens der Ausdruck eines gesellschaftlichen Werturteils zu sehen, die Existenz von kranken und behinderten Kindern zu vermeiden[309].

Dieser Aussage ist zuzustimmen. Selbstverständlich ist die Anwendung der PID ein Verfahren, um die Existenz kranker oder behinderter Kinder zu vermeiden – ebenso wie die Pränataldiagnostik mit anschließendem Schwangerschaftsabbruch im Fall einer schweren Erkrankung oder Behinderung. Daraus läßt sich jedoch keinesfalls der Schluß ziehen, daß die Behinderten selbst in der Gesellschaft unerwünscht sind, ebensowenig wie aus den zahlreichen Abtreibungen unerwünschter gesunder Kinder gar ein gesellschaftliches Werturteil gegen Kinder oder gesunde Menschen im allgemeinen geschlossen werden könnte. Nicht der behinderte Mensch, sondern die Behinderung soll vermieden werden.

Weiter wird vorgebracht, daß durch die Legalisierung der PID Risikoeltern unter einen internalisierte Lebenswertzuschreibungen ausdrückenden gesellschaftlichen Druck gesetzt würden, sich gegen ein behindertes oder krankes Kind zu entscheiden[310].

Unabhängig von der Frage, ob ein Verbot der PID überhaupt einen direkten Einfluß auf so stark internalisierte gesellschaftliche Prozesse hat, erscheint es zweifelhaft, ob ein absolutes Verbot der PID sich in der dargestellten Weise auswirkt. Auch ohne PID bestehen aufgrund der anderen Möglichkeiten zur Verhinderung kranker oder behinderter Kinder gesellschaftliche Erwartungshaltungen. Woraus sich ausgerechnet durch die PID eine Intensivierung dieser Einflüsse ergeben soll, ist nicht ersichtlich. Wenn sich ein Paar dazu entschlossen hat, kein behindertes Kind zu wollen, dann dürfte diese Entscheidung zunächst unabhängig von bestehenden Möglichkeiten der Durchsetzung dieses Wunsches getroffen worden sein.

Selbst wenn man von einem unmittelbaren Einfluß zwischen Entscheidung und Mittel zu deren Durchsetzung ausgeht, ist zu bedenken, daß die PID mit großen Belastungen für die Mutter verbunden ist und insofern angenommen werden kann,

---

[309] vgl. hierzu die Internetseite der Aktion Mensch zum Projekt „1000 Fragen", Verknüpfung „Werden Menschen mit Behinderungen durch die PID diskriminiert?" (Fn. 303); vgl. auch: HAKER, a.a.O. (Fn. 303)

[310] vgl. hierzu auf der angegebenen Internetseite die Verknüpfung „Neue Entscheidungszwänge für werdende Eltern?" (Fn. 302); HAKER a.a.O. (Fn. 302)

daß die Entscheidung des Paares weder leichtfertig noch monokausal durch den gesellschaftlichen Druck herbeigeführt wird. Allerdings ist zu bedenken, daß sich aus einer gesellschaftlichen Erwartungshaltung zur Vermeidung eines behinderten Kindes weitere Folgen ergeben können, einerseits in Form von einer verringerten Akzeptanz solchen Eltern gegenüber, welche die Belastungen eines behinderten Kindes in Kauf nehmen, andererseits auch dann, wenn sich hieraus weitere Benachteiligungen ergeben, etwa wenn Versicherungen Leistungen verweigern würden.
Wiederum stellt sich die Frage, ob diese Folgen nur durch ein vollständiges Verbot der PID unterbunden werden können. Jedenfalls Benachteiligungen wirtschaftlicher Art könnten durch entsprechende gesetzliche Regelungen verhindert werden, sofern sie nicht schon unter Schutz von Art. 3 III S. 2 GG fallen. Bezüglich einer möglichen Diskriminierung von Eltern und ihren behinderten Kindern bleibt es jedoch fraglich, ob eine eingeschränkte Erlaubnis der PID diese ebenso wirksam zu verhindern mag. Insbesondere könnte man Zweifel daran anmelden, ob eine differenzierte Unterscheidung, welche auf die individuelle Entscheidung der jeweils betroffenen Eltern abstellen würde, zwischen Unerwünschtheit der Behinderung und der des behinderten Menschen auch gesellschaftlich vermittelbar wäre.
Zusammenfassend läßt sich zunächst festhalten, daß ein eingeschränktes Verbot ohne Indikationskatalog gegenüber einem absoluten ein gleichwirksames Mittel darstellt, welches weniger stark das Recht der Mutter aus Art. 2 I S. GG einschränkt, weshalb ein absolutes Verbot der PID insofern nicht erforderlich wäre.

Anders wäre dies nur, wenn hierdurch ein größerer gesellschaftlicher Druck auf risikobelastete Paare ausgeübt würde, sich gegen ein behindertes oder krankes Kind zu entscheiden. Dies läßt sich jedoch mangels empirischer Untersuchungen nicht eindeutig beantworten. Würde ein erhöhter sozialer Einfluß auch durch ein nur eingeschränktes Verbot der PID bewirkt, so wäre mangels eines milderen Mittels ein absolutes Verbot der PID auch erforderlich und daher auf seine Verhältnismäßigkeit im engeren Sinne zu untersuchen.
Dies soll nun im Rahmen einer hypothetischen Prüfung getan werden.

iv. Hypothetische Prüfung der Verhältnismäßigkeit im engeren Sinne

Verhältnismäßig im engeren Sinne ist eine staatliche Maßnahme dann, wenn bei einer Gesamtabwägung zwischen der Schwere des Eingriffs und dem Gewicht und der Dringlichkeit der ihn rechtfertigenden Gründe die Grenze der Zumutbarkeit gewahrt bleibt[311].
Damit wäre der erhöhte soziale Einfluß auf zukünftige Eltern, sich gegen ein behindertes Kind zu entscheiden, gegen die individuellen Gesundheitsinteressen der Schwangeren abzuwägen.

---

[311] BVerfGE 30, 292 (316); BVerfGE 67, 157 (173); BVerfGE 90, 145 (173); JARASS, in: J/P, Art. 20, Rn. 86; SACHS, in: DERS., Art. 20, Rn. 154

Hinsichtlich des Einflusses ist zunächst festzuhalten, daß sich über seine Schwere und Relevanz aufgrund der involvierten vielschichtigen sozialen Prozesse nur mutmaßen läßt. Auch ist zu bedenken, daß unabhängig von der Erlaubnis der PID bereits sehr stark ausgeprägte gesellschaftliche Grundhaltungen vorliegen, da es letztlich um Fragen geht, welche schon seit Einführung der Schwangerschaftsregelung bestehen und zuvor bestanden haben. Damit spitzt sich die Frage darauf zu, ob es den Grenzen der Zumutbarkeit entspricht, wenn die PID absolut verboten würde, damit ein Einfluß auf die elterliche Entscheidung um ein zukünftiges behindertes Kind verhindert werden könnte.
Unzumutbarkeit ist dann gegeben, wenn der Betroffene sich Umständen erheblichen Gewichts ausgesetzt sieht, welche ihm die Erfüllung seiner staatlich verordneten Pflicht außergewöhnlich erschweren, insbesondere wenn sie ihn durch die Pflichterfüllung in schwere innere Konflikte bringen[312].
Für den Fall der PID hieße dies, daß der Schwangeren durch ein Verbot die Pflicht auferlegt würde, entweder auf ihren Kinderwunsch zu verzichten, den Befürchtungen, die mit einem behinderten Kind einhergehen, ausgesetzt zu sein, bei Eintritt dieser die nachfolgenden Belastungen ertragen zu müssen oder aber die Belastungen mehrerer „Schwangerschaften auf Probe“ in Kauf zu nehmen. Wenn es auch Abstufungen im Grad der dargestellten Belastungen geben mag, wird man doch nicht von der Hand weisen können, daß keine der Alternativen nicht mit gravierenden Belastungen für die zukünftige Mutter verbunden wären. Am geringsten mag auf den ersten Blick noch der Verzicht auf ein Kind erscheinen, eine Alternative, auf die von PID- Gegnern immer wieder verwiesen wird[313].
So entstehe die Situation, welche die genannten Konflikte hervorruft, in der Regel erst durch Zutun der Frau, die wisse, daß sie Risikoträgerin ist, und gerade deshalb eine IVF eingehen wolle, um eine PID durchzuführen[314]. Dann könne es ihr aber auch zugemutet werden, entweder auf ein Kind zu verzichten, oder aber eine „normale“ Schwangerschaft einzugehen[315], welche auch zu einem behinderten Kind führen könnte. Zum einen könne nur so eine Einführung eines Rechts auf ein gesundes Kind durch die Hintertür verhindert werden[316], zum anderen sei die Frau nicht schützenswert, weil sie bewußt das Risiko eines Interessenkonflikts eingehe, was in Anlehnung an den Rechtsgedanken des § 35 I S. 2 StGB begründet wird[317].

Ein solcher Bezug zu § 35 I S. 2 StGB kann jedoch nicht überzeugen. Denn der Interessenkonflikt wird nicht erst monokausal durch die Entscheidung der Frau für eine Schwangerschaft oder ihrem Wunsch nach einem gesunden Kind hervorgeru-

---

312 BVerfGE 39, 1 (49)
313 z.B. bei: SCHNEIDER, Aspekte, S. 261; KOLLEK, Präimplantationsdiagnostik, S. 209; so auch JOHANNES RAU in seiner Rede v. 18.5.2001, abgedruckt in FAZ v. 19.5.2001, S. 45
314 BÖCKENFÖRDE-WUNDERLICH, Rechtsproblem, S. 222
315 BÖCKENFÖRDE-WUNDERLICH, Rechtsproblem, S. 223
316 SCHNEIDER, Aspekte, S. 261
317 RENZIKOWSKI, NJW 01, S. 2753 (2757)

fen, sondern durch eine Vielzahl von Faktoren: Konflikterheblich sind dabei u.a. der menschliche Wunsch zur Zeugung von Nachkommen, die Sorge um deren Wohlergehen, die genetische Vorbelastung beider Elternteile, die bestehende medizinische Möglichkeit zur Überwindung dieser Vorbelastung und das Verbot, diese Mittel einzusetzen. Die Entstehung dieses Konflikts ist somit schon lange vor der Entscheidung für oder gegen ein (behindertes) Kind angelegt und diese als allein konfliktbegründend anzusehen, wäre eine kurzsichtige Reduktion des Sachverhalts. Wer dann daran festhalten will, daß für Risikopaare nur die Alternative besteht, kinderlos zu bleiben, um den angeblich erst entstehenden Interessenkonflikt zu vermeiden, der opfert individualrechtliche Belange einer naturalistischen Ideologie. Für die Entscheidung über die Zulässigkeit der PID darf das Unvermögen der Eltern, auf natürlichem Wege eine Schwangerschaft herbeizuführen, welche keine über die allgemein zu erwartenden hinausgehenden, späteren Belastungen mit sich bringt, keine Rolle spielen. Sofern medizinische Möglichkeiten bestehen und keine anderen Grundrechtspositionen entgegenstehen, darf dieses Unvermögen den Eltern nicht angelastet werden: aus der genetischen Disposition der Eltern bzw. der Mutter allein kann keine Verhaltensregel abgeleitet werden. Aus dem empirischen Unvermögen der Eltern, eine risikofreie Schwangerschaft ohne medizinische Mittel herbeizuführen, erwächst kein normatives Verbot der Anwendung dieser Mittel. Aus der empirischen Kausalität eine normative Abhängigkeit abzuleiten, wäre ein naturalistischer Fehlschluß.

Daher kann der Verzicht auf ein Kind keine zulässige Alternative zur Vermeidung eines Konflikts sein, was wiederum zur Folge hat, daß der Rechtsgedanke des § 35 I S. 2 StGB hier auch nicht berücksichtigt werden kann.

Zwar mag man ein spezielles Recht auf ein gesundes, genetisch eigenes Kind nicht begründen können, doch erscheint fraglich, ob dies überhaupt notwendig ist. Ebenso unerheblich ist es, ob die Einführung der PID der Schaffung eines solchen Rechts gleich kommt. Solange für die Mutter bzw. die Eltern schwerwiegende Belastungen durch gegenwärtige und zukünftige Ereignisse zu erwarten sind, ist im Rahmen des Zumutbarkeitserfordernisses zu prüfen, ob diese angesichts der Schwere und Bedeutung der konfligierenden verfassungsrechtlichen Positionen noch hinnehmbar sind oder nicht, auch wenn dies ein de facto Recht auf ein gesundes, genetisch eigenes Kind begründen würde.

Eine Beurteilung dieser Frage wird ohne Berücksichtigung der jeweiligen Umstände des Einzelfalls nur schwerlich möglich sein. Insbesondere der individuelle Belastungsgrad dürfte sehr stark variieren, je nach zu erwartender Behinderung, persönlicher Konstitution und Umfeld der Schwangeren. Dennoch ist eine Vielzahl von Fällen denkbar, in welchen der innere Konflikt als unzumutbar angesehen werden dürfte, etwa wie im Lübecker Fall[318], bei dem die Mutter bereits ein behindertes Kind bis zu dessen Tod gepflegt, und auch mehrere Schwangerschaften mit anschließender Abtreibung hinter sich gebracht hatte.

---

[318] vgl. hierzu: GIWER, Rechtsfragen, S. 14; KOLLEK, Präimplantationsdiagnostik, S.24

Damit ergibt sich auf der einen Seite eine schwerwiegende Beeinträchtigung des gesundheitlichen Wohlbefindens der Mutter, auf der anderen die Vermeidung eines erhöhten sozialen Einflusses gegen eine Akzeptanz behinderter in der Gesellschaft. Da aber dieses gesellschaftliche Bild auch noch von einer Vielzahl anderer Faktoren bestimmt wird und sich die sozialen Auswirkungen zunächst nur auf einen Teilaspekt der Bereiche erstrecken, in denen die Akzeptanz behinderter Menschen gefordert und gefördert werden soll, wäre ein Verzicht auf die PID der Mutter nicht zumutbar.
Wenn aber Fälle denkbar sind, in denen das Zumutbarkeitserfordernis nicht erfüllt wird, kann ein absolutes gesetzliches Verbot der PID nicht aufrecht erhalten werden.
Ergänzend sei angemerkt, daß die Möglichkeit einer Adoption keine Lösung darstellt, da es sich hierbei um einen Vorgang handelt, dessen vornehmliches Ziel nicht die Vermittlung eines geeigneten Kindes für mögliche Eltern, sondern umgekehrt die Vermittlung geeigneter Eltern für ein Kind darstellt, welches dieser bedarf[319].

v. Ergebnis zum 3. Teil: B. V. 1. d.

Es sind zahlreiche Fälle denkbar, in denen ein absolutes Verbot nicht verhältnismäßig wäre.
Auch durch die staatliche Pflicht zur Gewährleistung der gesellschaftlichen Integration Behinderter kann daher ein umfassendes Verbot der PID nicht gerechtfertigt werden.

e. Objektiver Schutz genetischer Informationen

Aus Art. 2 I i.V.m. Art 1 I S. 1 GG ergibt sich eine Verpflichtung des Staats, ein gemeinschaftliches Interesse daran zu schützen, nicht in einer Gesellschaft zu leben, in der grundlegende Daten bereits vorgeburtlich erfaßt, von staatlicher oder privater Seite mißbraucht oder für einen späteren Mißbrauch beschafft werden. Dies könnte im Falle der PID ein völliges Verbot derselben rechtfertigen. Dieses müßte den Grundsätzen der Verhältnismäßigkeit entsprechen.

i. Legitimer Zweck

Als Zweck eines absoluten Verbots wäre hier der Schutz vor Erhebung von später einer mißbräuchlichen Verwendung zuzuführenden Daten des frühen Embryos anzusehen.

[319] SCHNEIDER, Aspekte, S. 260

ii. Eignung

Das Verbot müßte auch geeignet zur Erreichung des angestrebten Ziels sein. Durch ein absolutes Verbot der PID würde jegliche Diagnose, also Ermittlung von genetischen Daten des Embryos, verhindert werden. Damit wäre dieses förderlich, um eine Verbreitung oder den Mißbrauch dieser zu verhindern.

iii. Erforderlichkeit

Möglicherweise ist ein absolutes Verbot der PID jedoch nicht erforderlich, um das dargestellte Ziel zu erreichen.

So ist zu bedenken, daß bei dieser Methode einerseits ohnehin nicht die Offenlegung der vollständigen genetischen Informationen des zu untersuchenden Embryos im Raum steht, sondern lediglich die gezielte Untersuchung auf bestimmte Gendefekte. Andererseits sind die erhobenen Daten zunächst nur einem begrenzten Personenbereich zugänglich, nämlich dem diagnostizierenden Arzt sowie den Eltern.

Durch eine eingeschränkte Regelung, welche nur eine erschöpfende Ermittlung aller nicht gesundheitsrelevanten Daten des Embryos unterbindet sowie die Weitergabe dieser an Dritte verbietet, etwa eine Versicherungsgesellschaft oder Behörden, könnten sie in gleichem Maße geschützt werden. Weiter ist zu beachten, daß die in Frage stehenden Daten, also das Vorliegen bestimmter vermuteter Krankheitsbilder, auch bei Nichtdurchführung einer PID im Rahmen einer PND aufgedeckt werden könnte.

Hiergegen wird eingewandt, daß das bevorstehende Bekanntwerden der Daten keinerlei Einfluß auf die Beurteilung der Rechtswidrigkeit der diagnostizieren Maßnahme hätte, daraus, daß die Daten erhoben würden, gehe hervor, daß sie zum Zeitpunkt des Erhebens eben nicht bekannt seien[320].

Diese Lösung erscheint jedoch inkonsequent. Denn für das zu schützende Rechtsgut, also den Schutz vor Mißbrauch der Daten des frühen Embryos, kann es letztlich unerheblich sein, ob diese bereits vor Einpflanzung oder erst im Rahmen einer bestehenden Schwangerschaft bekannt werden. Nun ließe sich einwenden, daß durch einen positiven Befund bei der Diagnose und anschließender Verwerfung gerade ein Mißbrauch zum Ausdruck komme. Dem ist nicht zuzustimmen. Denn der Zweck des Rechts auf informationelle Selbstbestimmung ist nicht die Gewährleistung des Bestandes des Informationsträgers, sondern nur die Gewährleistung der Geheimhaltung solcher Daten, welche bei Bekanntwerden Beeinträchtigungen der Persönlichkeitsentfaltung darstellen würden oder den Träger in einer anderen Weise in seinem Persönlichkeitsrecht belangen. Man könnte nun argumentieren, daß das Verwerfen des frühen Embryos die stärkste denkbare Einschränkung seiner Persönlichkeitsentfaltung darstellt[321]. Dem ist jedoch entgegenzuhalten, daß der frühe Embryo gerade noch keine Persönlichkeit besitzt, welche durch die Bekannt-

---

[320] SCHNEIDER, Aspekte, S. 181

[321] sinngemäß wohl SCHNEIDER, Aspekte, S. 182, die auf eine „enge und folgenträchtige" Verknüpfung von Lebensrecht und Persönlichkeitsrecht bei der PID verweist

gabe seiner Daten verletzt werden könnte – der Schutz seines Lebens wiederum unterfällt Art. 2 I GG, jedoch nicht unter das Persönlichkeitsrecht.
Als Einwand hiergegen wird vorgebracht, daß die Erhebung der Daten im Rahmen der PID nur eine weitere Forderung nach Konsequenz in der Inkonsequenz darstellen würde[322], weshalb eine Begrenzung des Diagnosespektrums auch bei der PND zu fordern sei: So könnte die Erhebung von Daten im Rahmen der PND ebenfalls auf die alleinige Diagnose therapierbarer Krankheiten einzuschränken sein[323]. Eine solche Einschränkung würde jedoch den Sinn und die Funktion einer medizinisch-sozialen Indikation ad absurdum führen, da gerade im Fall nicht therapierbarer Krankheiten eine solche ihr Anwendungsgebiet findet – müßten doch zur Feststellung der Unzumutbarkeit gerade solche Sachverhalte ermittelt werden, welche eine Entscheidung über dieselbe erst ermöglichen[324].
Zusammenfassend läßt sich festhalten, daß die Diagnose auf bestimmte therapierbare und nicht therapierbare Krankheiten im vorgeburtlichen Stadium erlaubt ist, notwendig sowie standardmäßig durchgeführt wird, so daß der Zeitpunkt ihrer Erhebung irrelevant für die Begründung der Erforderlichkeit eines umfassenden PID-Verbots ist.

iv. Ergebnis zum 3. Teil: B. V. 1. e.

Ein Verbot der PID nach ESchG ist auch gemessen am objektiv-rechtlichen Schutz von persönlichen Daten nicht verhältnismäßig.

f. Ergebnis zum 3. Teil: B. V. 1.

Die Eingriffe in das Recht der Mutter auf Leben und körperliche Unversehrtheit durch ein völliges Verbot der PID nach ESchG sind nicht verhältnismäßig und daher auch nicht verfassungsrechtlich gerechtfertigt.

2. Recht der Eltern aus Art. 6 I GG

Seinem Wortlaut nach ist Art. 6 I GG zwar uneingeschränkt, doch muß bei vorbehaltlos gewährten Grundrechten im Wege der praktischen Konkordanz ein möglichst schonender und verhältnismäßiger Ausgleich zwischen betroffenem Grundrecht und den verfassungsimmanenten Schranken gefunden werden[325]. Daher ist auch bei diesem Grundrecht zu prüfen, ob ein legitimer Zweck vorliegt, die gewählten Mittel geeignet und erforderlich sind, und ob ein angemessener Ausgleich zwischen den kollidierenden Grundrechten getroffen wird.

---

322 vgl. hierzu: BÖCKENFÖRDE-WUNDERLICH, Rechtsproblem, S. 230 (m.w.N.)
323 SCHNEIDER, Aspekte, S. 246 f.
324 SCHNEIDER, Aspekte, S. 247
325 PIEROTH, in: J/P, Art. 6 Rn. 15; SCHMITT-KAMMLER, in: SACHS, Art. 6, Rn. 21

a. Objektiver Schutz des ungeborenen Lebens

Wie bereits oben festgestellt, ist ein absolutes Verbot der PID durch das ESchG nicht erforderlich, um die angestrebten Zwecke zu erreichen, insofern ist unter Verweis auf die obige Argumentation[326] festzustellen, daß auch der Eingriff in die Fortpflanzungsautonomie der Eltern nicht durch Art. 2 I S. 2 GG gerechtfertig ist.

b. Schutz des menschenwürdebezogenen Menschenbildes

Wiederum ist auf obige Prüfung zu verweisen[327]. Die Rechtfertigung eines Eingriffs in die Fortpflanzungsautonomie durch ein absolutes Verbot der PID scheitert an der Erforderlichkeit.

c. Gewährleistung der gesellschaftlichen Integration von Behinderten

Bezüglich legitimem Zweck, Eignung und Erforderlichkeit eines umfassenden Verbots der PID sei auf obige Ausführungen verwiesen[328]. Daher ist nun ein angemessener Ausgleich zwischen den betroffenen Grundrechten zu finden.

i. Angemessener Ausgleich der kollidierenden Rechte

Auf der einen Seite steht die Vermeidung eines erhöhten sozialen Einflusses entgegen einer Akzeptanz Behinderter in der Gesellschaft, auf der anderen die Fortpflanzungsautonomie der Eltern.
Ein totales Verbot der PID würde die Risikopaare, welche sich nicht befähigt sehen, ein (weiteres) behindertes Kind zu haben, vor die Wahl stellen:
Entweder müßten sie auf ein Kind verzichten (wie bereits oben ausgeführt ist die Möglichkeit der Adoption als Ersatz oder Ergänzung einer eingeschränkten Fortpflanzungsfähigkeit weder geeignet noch vorgesehen[329]). Oder aber sie müßten sich den Belastungen aussetzen, welche durch die drohende Ungewißheit bzw. durch eine oder mehrere Schwangerschaften auf Probe entstehen würden. Dies stellt einen schwerwiegenden Eingriff in die Fortpflanzungsautonomie der Eltern dar: entweder wird ihnen trotz bestehender medizinischer Möglichkeiten dazu ein Kind verwehrt oder aber sie werden dazu gezwungen, sich in eine schwerwiegende Konfliktsituation zu begeben[330], zunächst nämlich die Sorge darum, ob das Kind gesund sein wird, und nach einem entsprechenden Befund durch eine PND die Entscheidung, ob sie eine Abtreibung anstreben sollen oder nicht.
Nun könnte man argumentieren, daß den Eltern ja noch die Möglichkeit bleibe, ihren Kinderwunsch ohne PID zu verwirklichen. Da aber von Art. 6 I GG nicht nur ein genereller Kinderwunsch, sondern auch die Entscheidungsfreiheit der Eltern

---

326 s. o. 3. Teil: B. V. 1. b. iv.
327 s. o. 3. Teil: B. V. 1. c. iv.
328 s. o. 3. Teil: B. V. 1. d. iii. (4)
329 s.o. 3. Teil: B. V. 1. d. iv. ; vgl. auch SCHNEIDER, Aspekte, S. 260
330 HUFEN, MedR 01, 440 (442 f.)

bezüglich des Ob und Wie eines solchen Wunsches geschützt wird[331], stellt ein absolutes Verbot der PID nicht nur eine Einschränkung, sondern gerade die Aufhebung dieser Freiheit dar – denn diese beinhaltet ja gerade das Recht, zwischen allen und nicht nur zwischen einigen Alternativen zu wählen.

Nach anderer Ansicht ergibt sich ein Recht auf reproduktive Autonomie vornehmlich aus dem allgemeinen Persönlichkeitsrecht, hergeleitet aus Art. 2 I i.V.m. Art. 1 I GG[332], und ist daher auch den zu diesem entwickelten Abstufungen nach dem jeweils vorliegendem sozialem Bezug der betroffenen Sphäre unterworfen: je sozialbezogener der betroffene Persönlichkeitsbereich, um so intensiver könne eine Einschränkung sein[333]. Aus der Tatsache, daß bei der künstlichen Befruchtung die normalerweise vorhandene Intimität einer sexuellen Betätigung fehle, könne in diesem Fall die Freiheit der Fortpflanzung deutlich intensiver und stärker eingeschränkt werden[334]. Dieser Auffassung wird jedoch entgegengehalten, daß sie die Fragen nach dem Ob der Fortpflanzungsfreiheit nicht ausreichend von der nach dem Wie trenne[335].
So sei die Sexualität als Modalität der Fortpflanzungsfreiheit nicht zwingend an die Entscheidung über die Ausübung dieser Freiheit gekoppelt, auch wenn beide sich aus dem allgemeinen Persönlichkeitsrecht ergäben[336].
Allerdings ist schon anzuzweifeln, ob die Reproduktionsautonomie überhaupt aus dem allgemeinen Persönlichkeitsrecht abzuleiten ist. Dieses umfaßt zwar die sexuelle Selbstbestimmung[337] – bei dieser handelt es sich jedoch nicht zwingend um ein auf Reproduktion gerichtetes Verhalten.
Beide dargestellten Auffassungen verkennen die Funktion der allgemeinen Handlungsfreiheit als Auffangtatbestand. Mag man bezüglich der Freiheit zur Vornahme sexueller Betätigungen noch von einem von keinem anderen Grundrecht erfaßten Bereich ausgehen, so kann dies doch keinesfalls für die reproduktive Autonomie gelten. Das ergibt sich schon aus dem Wortlauf von Art. 6 I GG: Dort ist ausdrücklich vom Schutz von Ehe und Familie die Rede. Wenn man weiter bedenkt, daß sogar das uneheliche Kind mit dem Vater oder der Mutter allein kraft seiner Abstammung eine Familie nach Art. 6 I GG bildet[338], zeigt sich, daß anders als bei der Ausübung der sexuellen Selbstbestimmung der Schutz aus Art. 6 I GG zwingend mit der Existenz eines Kindes einhergeht, sofern es um die Familie geht. Da die

---

[331] HUFEN, MedR 01, 440 (443)
[332] SCHNEIDER, Aspekte, S. 146 f.
[333] SCHNEIDER, Aspekte, S. 147
[334] darstellend: SCHNEIDER, Aspekte, S. 147 unter Bezug auf RÖGER, Verfassungsrechtiche Probleme medizinischer Einflußnahme auf das ungeborene menschliche Leben im Lichte des technischen Fortschritts (aus dem maschinenschriftlichen Manuskript der Habilitationsschrift dess.), S. 34
[335] SCHNEIDER, Aspekte, S. 149
[336] SCHNEIDER, a.a.O. (Fn. 335)
[337] DI FABIO, in: MAUNZ/DÜRIG, Art. 2 Abs. 1, Rn. 200
[338] DI FABIO, in: MAUNZ/DÜRIG, Art. 6 Abs. 1, Rn. 61

Existenz eines Kindes (außer bei der Adoption) einen Zeugungsakt erfordert, erscheint es unsinnig, die Fortpflanzungsautonomie, also die Entscheidung über den die Familie in den meisten Fällen begründenden Akt, nicht Art. 6 I GG zuzuordnen. Außerdem verbietet es sich, wegen der vorliegenden Wahlmöglichkeit, die eine negative Grundrechtsausübung bietet, sogleich die allgemeine Handlungsfreiheit betroffen zu sehen, ohne spezieller Grundrecht zu berücksichtigen. Es liegt daher eine Beeinträchtigung der Reproduktionsautonomie aus Art. 6 I GG vor.

Wiederum stellt sich die Frage danach, ob dies eine zumutbare Belastung für die Eltern darstellt. Von einer Entscheidungsautonomie kann jedenfalls nicht mehr gesprochen werden, damit wäre durch ein absolutes Verbot der PID dieses Grundrecht in seinem Kernbereich betroffen. Damit fordert man von den betroffenen Eltern eine mit schweren inneren Konflikten verbundene Pflichterfüllung. Wie schon oben festgestellt, ist hingegen das Maß des tatsächlichen sozialen Einflusses einer (in welchem Umfang auch immer) erlaubten PID auf die Akzeptanz behinderter in der Gesellschaft nicht eindeutig feststellbar, was sich aus den bereits erwähnten eben nicht monokausalen gesellschaftlichen Prozessen ergibt[339].
Daraus folgt für ein absolutes Verbot der PID, daß um den Preis einer diffusen gesellschaftlich intendierten Signalwirkung die Fortpflanzungsautonomie der betroffenen Eltern aufgehoben wird – eine solche Belastung ist jedoch keinesfalls als zumutbar anzusehen.

ii. Ergebnis zum 3. Teil: B. V. 2. c.

Ein absolutes Verbot der PID ist für die Betroffenen Paare unzumutbar, daher auch nicht durch den objektiven Schutzbereich von Art. 3 III S. 2 gerechtfertigt.

d. Objektiver Schutz genetischer Informationen

Wie bereits festgestellt, ist ein völliges Verbot der PID nicht verhältnismäßig[340], die Einschränkung der elterlichen Rechte somit nicht gerechtfertigt.

e. Ergebnis zum 3. Teil: B. V. 2.

Die Eingriffe in das Recht der Eltern auf freie Entscheidung über das Ob und Wie der Verwirklichung durch ein völliges Verbot der PID nach ESchG sind nicht verhältnismäßig und daher auch nicht verfassungsrechtlich gerechtfertigt.

---

339 s. o. 3. Teil: B. V. 1. d. iv.
340 s. o. 3. Teil: B. V. 1. e. iv.

3. Allgemeines Persönlichkeitsrecht der Eltern / Recht auf informationelle Selbstbestimmung nach Art. 2 I i.V.m. Art. 1 GG

Das allgemeine Persönlichkeitsrecht, sowie das Recht auf informationelle Selbstbestimmung können nach ganz überwiegender Auffassung sowohl durch die verfassungsmäßige Ordnung, als auch durch kollidierendes Verfassungsrecht eingeschränkt werden[341]. Unter verfassungsmäßiger Ordnung versteht man die Gesamtheit der Normen, die formell und materiell verfassungsmäßig sind, also jedenfalls auch formelle Gesetzte[342]. Daher sind sowohl das ESchG, als auch alle Rechtsgüter von Verfassungsrang, welche eine Rechtfertigung der Einschränkung darstellten könnten, auf ihre Verhältnismäßigkeit zu prüfen.

a. ESchG

Wie bereits oben geprüft[343] scheitert eine verfassungsrechtliche Rechtfertigung eines absoluten Verbots der PID durch das ESchG bereits an der Erforderlichkeit. Insofern sei bezüglich der Argumentation nach oben verwiesen.

b. Objektiver Schutz des ungeborenen Lebens

Gleiches gilt für den objektiven Schutz ungeborenen Lebens als Rechtfertigung[344].

c. Schutz des menschenwürdebezogenen Menschenbildes

Auch mit dem menschenwürdebezogenen Menschenbild läßt sich ein totales Verbot der PID nicht verfassungsrechtlich rechtfertigen[345].

d. Gewährleistung der gesellschaftlichen Integration von behinderten Menschen

Bezüglich legitimem Zweck, Eignung und Erforderlichkeit der Rechtfertigung eines völligen Verbots der PID zur Verbesserung der Akzeptanz und gesellschaftlichen Integration Behinderter sei nach oben verwiesen[346]. Schließlich müßte ein möglichst schonender Ausgleich zwischen den konfligierenden Grundrechten gefunden werden.

i. Angemessener Ausgleich der kollidierenden Rechte

Es ist nun ein möglichst schonender Ausgleich zwischen dem Recht der Eltern bzw. der Mutter auf informationelle Selbstbestimmung und der Vermeidung eines

---

[341] JARASS, in: J/P, Art. 2, Rn. 45; MURSWIEK, in: Sachs, Art. 2, Rn. 89 ff.
[342] MURSWIEK, in: SACHS, Art. 2, Rn. 89
[343] s. o. 3. Teil: B. V. 1. a. iv.
[344] s. o. 3. Teil: B. V. 1. b. iv.
[345] s. o. 3. Teil: B. V. 1. c. iv.
[346] s. o. 3. Teil: B. V. 1. d. iii. (4)

erhöhten sozialen Einflusses entgegen einer Akzeptanz Behinderter in der Gesellschaft zu finden.
Zwar sind die Daten des Embryos mit denen der Eltern bzw. Mutter nicht identisch, doch besteht durch die Konstellation der Schwangerschaft doch ein Zusammenhang zwischen beiden: So ist für die Mutter besonders für den Verlauf der Schwangerschaft und zu erwartende Komplikationen die Kenntnis vom gesundheitlichen Zustand des Embryos relevant. Einerseits, um eine Entscheidung über die Schwangerschaft zu treffen, andererseits um auf mögliche Risiken und Belastungen während der Schwangerschaft vorbereitet zu sein, und schließlich, um eine Entscheidung bezüglich ihres weiteren Lebensverlaufs zu treffen, also ob sie die Belastungen, welche sich durch ein behindertes oder schwerkrankes Kind ergeben, auf sich nehmen möchte[347]. Es wird daher vertreten, daß die genetischen Informationen des Embryos bis zur Geburt allein die Daten seiner Mutter wären[348]. Diese Ansicht überzeugt insofern, als der frühe Embryo, wie oben festgestellt, nicht Träger eines Grundrechts auf informationelle Selbstbestimmung ist[349].
Die Vorenthaltung dieser Daten würde die Mutter bzw. die Eltern wiederum schwerwiegenden Belastungen aussetzen[350], wohingegen das konkrete Maß der Auswirkungen in Form einer Beeinträchtigung der gesellschaftlichen Akzeptanz behinderter Menschen hierdurch eher gering ausfallen dürfte. Daher ist auch das Merkmal der Unzumutbarkeit gegeben.

ii. Ergebnis zum 3. Teil: B. V. 3. d.

Auch zur Verbesserung der Akzeptanz und gesellschaftlichen Integration Behinderter läßt sich ein totales Verbot der PID nicht verfassungsrechtlich rechtfertigen.

e. Objektiver Schutz genetischer Informationen

Wie bereits festgestellt, ist ein völliges Verbot der PID nicht verhältnismäßig[351], die Einschränkung der elterlichen bzw. mütterlichen Rechte zum Schutz vor Mißbrauch genetischer Daten somit nicht gerechtfertigt.

f. Ergebnis zum 3. Teil: B. V. 3.

Die Eingriffe in das Recht der Eltern bzw. der Mutter auf informationelle Selbstbestimmung durch ein völliges Verbot der PID nach ESchG sind nicht verhältnismäßig und daher auch nicht verfassungsrechtlich gerechtfertigt.

---

[347] HUFEN, MedR 01, 440 (443 f.)
[348] KUNIG, Jura 93, S. 595 (599)
[349] s.o. 3. Teil: B. III. 1. e. i. (5)
[350] so auch: SCHNEIDER , Aspekte, S. 182, die jedoch ein eigenes, überwiegendes Lebensrecht des Embryos annimmt
[351] s. o. 3. Teil: B. V. 1. e. iv.

VI. Zusammenfassung

Damit läßt sich festhalten, daß ein absolutes Verbot der PID durch das ESchG verfassungsrechtlich nicht gerechtfertigt ist.
Diese Feststellung betrifft das absolute Verbot der PID als Verhaltensvorschrift. Wenn jedoch bereits diese nicht verfassungsrechtlich gerechtfertig werden kann, so muß dies erst recht für eine auf dieser Vorschrift basierende Sanktionsnorm gelten. Mithin ist auch die Strafbewehrtheit eines solchen umfassenden Verbots nicht gerechtfertigt, eine Prüfung der Sanktionsnorm, also der aus dem ESchG hervorgehenden Strafdrohung und dem damit verbundenen staatlichen Vorwurf, gemessen am Freiheitsrecht der hiervon betroffenen Personen, ist daher entbehrlich.

4. Teil: PID de lege ferenda

Wurde im 3. Teil der Arbeit die gegenwärtige Rechtslage beleuchtet, so soll nun ein Ausblick auf eine mögliche zukünftige Regelung der PID gegeben werden.
Hierbei soll noch einmal auf die Besonderheiten und Sachzwänge eingegangen werden, welche sich über die Frage nach der verfassungsrechtlichen Zulässigkeit eines Verbots der PID hinaus für eine Legalisierung derselben ergeben. Dabei seien insbesondere der ethisch begründete Status des frühen Embryos erläutert, aber auch die notwendigen Maßnahmen zur Förderung der Akzeptanz Behinderter, der Sicherung der individuellen genetischen Informationen vor Mißbrauch, sowie die weiteren Erfordernisse, welche sich aus dem Schutz des menschenwürdeorientierten Selbstbildnis der Gesellschaft ergeben.
Noch einmal sei festgestellt, daß ein absolutes Verbot mit den Grundrechten der Eltern, insbesondere der Mütter, unvereinbar ist. So ist nun zu erörtern, welche Auflagen an die zu legalisierende PID zu richten sind.
Dabei ergibt sich aus der verfassungsrechtlichen Betrachtung, daß maßgeblich für die Frage nach den Dimensionen einer Erlaubnis der PID zunächst die individuellen, subjektiven Rechte des jeweils betroffenen Paares sind. Diese stellen den Rahmen dar, innerhalb dessen sich eine Regelung der PID bewegen muß.
Aber auch aus den ermittelten, größtenteils objektiv-rechtlichen Grundrechtspositionen ergibt sich eine Reihe von zu berücksichtigenden Voraussetzungen.

A. Lebensschutz aus ethischer und rechtlicher Sicht

Stand im letzten Teil die Bewertung des *bestehenden* Schutzes frühembryonalen Lebens im Vordergrund, soll nun zunächst untersucht werden, welcher Schutz diesem zukommen *sollte*.
Hierbei orientiert sich die rechtlich Beurteilung auch an ethischen Argumenten, um die Statusbestimmung des frühen Embryos zu begründen.

I. Einzelne Ansätze zum Lebensschutz

Dieser ist eine Vielzahl von Veröffentlichungen gewidmet, welche untersuchen, wann aus normativer Sicht menschliches Leben beginnt. Im folgenden seien die verschiedenen Ansätze kurz dargestellt:

1. Ab Verschmelzung

Nach einer Auffassung sei das entscheidende Kriterium für den Lebensbeginn die Verschmelzung von Ei- und Samenzelle[352].

---

[352] GIWER, Rechtsfragen, S. 77 f.

2. Ab Nidationsreife

Weiter wird vertreten, daß erst mit der Nidation bzw. mit Eintritt der Nidationsreife, also dem Entwicklungsstand, der etwa einem vierzehntägigen Embryo entspricht, der Lebensschutz einsetze[353].

3. Ab Individualisierung

Eine andere Auffassung sieht den Lebensbeginn in der Individualisierung, also dem Moment, ab dem eine Zwillingsbildung nicht mehr möglich ist[354].

4. Ab Beginn der Hirntätigkeit

Analog zum Hirntod als dem normativ festgesetzten Zeitpunkt des Lebensendes will eine andere Auffassung den Lebensbeginn mit dem Beginn der Hirntätigkeit beim Embryo gleichsetzten[355].

5. Ab Geburt / Fähigkeit zu einem aktuellen Lebensinteresse

Schließlich soll nach einer Ansicht der Lebensschutz frühestens mit der Geburt eintreten, an sich sogar erst mit dem Vorhandensein eines Lebensinteresses beim Embryo bzw. Neugeborenen[356]. Da es jedoch nicht möglich sei, das Vorhandensein dieses Lebensinteresses nachzuprüfen, solle aus Überlegungen der Effizienz des Lebensschutzes auf die Geburt als eindeutig erfaßbaren Zeitpunkt abgestellt werden[357].

6. Weitere Ansätze

Neben den dargestellten gibt es noch weitere Ansätze, wie etwa das Abstellen auf die extrauterine Lebensfähigkeit[358], angelehnt an eine Entscheidung des Supreme Court der Vereinigten Staaten von Amerika[359] oder auf die ersten Kindesbewegungen im Mutterleib[360].
So unterschiedlich und vielfältig diese Ansätze sein mögen, ist ihnen dennoch gemein, daß sie sich argumentatorisch auf vier grundlegende ethische Begründungsansätze zurückführen lassen.

---

353 NETZER, EthikMed 98, 138 (142)
354 darstellend: GIWER, Rechtsfragen, S. 67 (m.w.N.)
355 SASS, in: DERS., S. 160 ff.
356 SINGER, Praktische Ethik, S. 221 ff.; vgl. auch DERS., in: SASS, S. 139 ff.; HOERSTER, Embryonenschutz, S. 88 f.
357 HOERSTER, JuS 89, 172 (178); DERS., Embryonenschutz, S. 94 f.; DERS., Abtreibung, S. 132 ff.
358 darstellend: GIWER, Rechtsfragen, S. 70 f. (m.w.N.)
359 Roe vs. Wade, United States Supreme Court, 1973, vgl. dazu SCHIRMER, Status, S. 200 f.
360 darstellend: GIWER, Rechtsfragen, S. 69 f. (m.w.N.)

II. Ethische Einordnung der dargestellten Argumente

Anstatt nun zu jedem einzelnen Ansatz Für und Wider aufzuzählen, sollen vielmehr die vier Argumentationsstränge, auf denen die jeweiligen Ansätze basieren, dargestellt und auf Ihre Tauglichkeit untersucht werden.

1. Speziesargument

Nach dem Speziesargument gebührt all jenen Wesen, welche aus biologischer Sicht - also nach Ihren Erbanlagen - der Spezies Homo Sapiens angehören, ein (auch) zeitlich umfassender Lebensschutz[361]. Denn das Prinzip der Gleichbehandlung gebiete es, nicht nur den geborenen, sondern allen Mitgliedern der Spezies diesen Schutz zu gewähren, von Anfang an[362].
Nun ist zu beachten, daß nicht nur die Frage des zeitlichen Beginns eines solchen Schutzes umstritten ist, sondern bereits die Frage, ob ein solcher Schutz überhaupt besteht.

So läßt sich anzweifeln, ob im Verhältnis Embryo / lebender Mensch wirklich von Gleichem, genauer normativ Gleichem, gesprochen werden kann:
Nach den Grundsätzen vom naturalistischen Fehlschluß kann nämlich aus der Gattungszugehörigkeit allein kein subjektives Recht auf Leben folgen. Vielfach tritt im Rahmen der Argumentation bei Vertretern des Speziesarguments die Gattungszugehörigkeit an Stelle der Eigenschaften, aus welchen die normativen Gründe für die besonderen, einem Menschen zustehenden Schutzrechte abgeleitet werden[363]. Bei näherer Betrachtung erweist sich dies jedoch als Zirkelschluß: Konsequenterweise ist es erforderlich, die besonderen Eigenschaften, welche einen spezifischen normativen Reflex begründen sollen, zu benennen, und diesen dann eine moralische Norm zur Seite zu stellen, die ihren Schutz gewährt[364].
Konkret ausgedrückt: Es ist zu untersuchen, welche Eigenschaft(en) der frühe Embryo aufweist, die ein subjektives Lebensrecht begründen können[365].
Hier setzt die Kritik des sog. moralisch begründeten Ansatzes an. Nach diesem ist ein subjektives Recht immer mit einer Schutzfunktion verbunden, welche sich wiederum gegen eine Verletzung richtet, welche ihrerseits eine Verletzbarkeit des Betroffenen voraussetzt[366].
Da es nun aber eine Mindestvoraussetzung von Subjektivität darstelle, erlebnisfähig zu sein, und beim frühen Embryo vor Entwicklung von neuronalen Zellen ein Erleben auch in rudimentärster Form unmöglich sei, soll auch für diesen kein sub-

[361] vgl. MERKEL, Forschungsobjekt Embryo, S. 131
[362] vgl. MERKEL, a.a.O. (Fn. 361)
[363] vgl. MERKEL, a.a.O. (Fn. 361)
[364] vgl. MERKEL, Forschungsobjekt Embryo, S. 132
[365] vgl. MERKEL, Forschungsobjekt Embryo, S. 131 f.
[366] vgl. MERKEL, Forschungsobjekt Embryo, S. 134 ff.

jektives Lebensrecht bestehen, jedenfalls solange, wie dieser kein neuronales Gewebe ausgebildet hat[367].
Mit anderen Worten: Dem frühen menschlichen Embryo mangelt es an einer Grundvoraussetzung eines subjektiven Rechts.

Nun wird das Speziesargument vielfach dahingehend erweitert, daß man nicht nur die individuellen Eigenschaften als normbegründend heranzieht, sondern darüber hinaus noch auf die typischerweise gattungsimmanenten Eigenschaften abstellt und daraus auch jenen Gattungsmitgliedern normativen Schutz gewährt, welche diese noch nicht (oder nicht mehr) inne haben[368].
Allerdings reicht, wie bereits festgestellt, die bloße Gattungszugehörigkeit als biologisches Faktum zur Begründung eines solchen Schutzes nicht aus, es bedarf eines weiteren Kriteriums: Als solches könnte die Solidarität der Gattungsmitglieder untereinander in Frage kommen[369].
Wiederum stellt sich aber die Frage, ob diese Solidarität normativ hinreichend für die Begründung eines subjektiven Rechts sein kann. Da dieses jedoch zumindest eine rudimentäre Erlebnisfähigkeit ihres Inhabers voraussetzt, kann auch auf diesem Weg kein subjektives Recht zugestanden werden[370].

2. Kontinuumsargument

Das Kontinuumsargument stellt auf den allgemeinen menschlichen Entwicklungsprozeß ab: Da dieser ein kontinuierlicher Vorgang sei, verbiete es sich, innerhalb dessen Einschnitte vorzunehmen[371]. Zwischen vor- und nachgeburtlichem Leben könne es daher auch keinen Unterschied geben, jede von außen zugewiesene Zäsur innerhalb sei willkürlich[372]. Diese Argumentation findet sich z.B. im ersten Urteil des BVerfG zum Schwangerschaftsabbruch[373].
Wiederum ergibt sich das Problem des naturalistischen Fehlschlusses:
Denn aus der tatsächlichen, biologischen Gegebenheit des Kontinuums menschlicher Entwicklung für sich alleine betrachtet kann sich keine normative Folgerung ergeben[374], geschweige denn die Prämisse, überhaupt keine Zäsuren festlegen zu können[375]. Als einzig willkürliche, normative Maßnahme stellt sich dann lediglich

---

[367] da vorliegend nur der Status des Embryos vor Nidationsreife zu untersuchen ist, kann es dahinstehen, ob die subjektive Erlebnisfähigkeit für die Gewährung eines subjektiven Lebensrechts in späteren Stadien der Embryonalentwicklung ein tragendes Argument darstellt.
[368] vgl. MERKEL, Forschungsobjekt Embryo, S. 140 unter Bezug auf SPAEMANN, in: GEYER, S. 49
[369] vgl. MERKEL, Forschungsobjekt Embryo, S. 141 f.
[370] vgl. MERKEL, Forschungsobjekt Embryo, S. 143
[371] BVerfG 39, 1 (37); GIWER, Rechtsfragen, S. 78; so wohl auch: BÖCKENFÖRDE-WUNDERLICH, Rechtsproblem, S. 177; SCHNEIDER , Aspekte, S. 114
[372] GIWER, a.a.O. (Fn. 371); vgl. auch darstellend: MERKEL, Forschungsobjekt Embryo, S. 157 f. und SCHNEIDER , a.a.O. (Fn. 371) m.w.N.
[373] BVerfG 39, 1 (37)
[374] MERKEL, Forschungsobjekt Embryo, S. 159; so wohl SCHNEIDER , a.a.O. (Fn. 371)
[375] MERKEL, a.a.O. (Fn. 374)

jene dar, welche überhaupt keine Zäsur vornimmt, sondern das Kontinuum als Ganzes für schützenswert erklärt[376].

Lassen sich aus den tatsächlichen Fähigkeiten des Embryos keine Recht ableiten, so könnte man dies eventuell durch potentielle Fähigkeiten erreichen.

3. Potentialitätsargument

Unter dem Sammelbegriff „Potentialitätsargument" können alle jene Begründungsstränge zusammengefaßt werden, welche auf die zwar nicht aktuell, aber potentiell - also zukünftig - vorhandenen Fähigkeiten es Embryos abstellen, um ein Lebensrecht zu begründen[377].

Hierbei stellt sich jedoch eine Reihe von Problemen. Da auf zukünftige Fähigkeiten abgestellt wird, ist es notwendig anhand von Wahrscheinlichkeiten zu argumentieren. Dies wirft zunächst das Problem der normativen Gewichtung solcher Wahrscheinlichkeiten auf[378]. Als Beispiel hierfür wird der Vergleich zwischen einem Embryo und dem sog. Vorkernstadium angeführt, Eizellen, in die ein Spermium bereits eingedrungen ist, wobei eine Verschmelzung jedoch noch nicht stattgefunden hat. Diese Vorkernstadien haben ebenso wie der befruchtete Embryo das Potential, sich zu einem lebenden Menschen zu entwickeln, dennoch käme niemand auf die Idee, ihnen ein subjektives Lebensrecht einzuräumen[379]. Entweder kann man beiden oder keinem aufgrund des Potentials ein subjektives Recht einräumen, was in der Rechtspraxis jedoch nicht geschieht. Hieraus läßt sich ableiten, daß die Zuerkennung eines subjektiven normativen Schutzes über das Potential eines frühen Embryos sich allein nicht begründen läßt.

4. Identitätsargument

Schließlich ist nach dem Identitätsargument der Embryo normativ identisch mit dem späteren, geborenen Menschen. Hierbei ist zunächst zu fragen, an welche Übereinstimmung diese normative Identität anzuknüpfen habe[380].

Einerseits könnte man auf die körperliche Identität abstellen, allerdings ergibt sich dann das Problem, daß aufgrund des körperlichen Wandlungsprozesses letztendlich nur auf die genetische Übereinstimmung abgestellt werden kann, da diese die einzige biologische Übereinstimmung zum späteren Menschen darstellt[381]; dann würde man jedoch wie beim Speziesargument einem naturalistischen Fehlschluß unterliegen[382]. Daher wird teilweise auf die numerische Identität abgestellt[383], worunter

---

[376] MERKEL, Forschungsobjekt Embryo, S. 159 f.

[377] so z.B. mit der Annahme eines „potentiellen Lebensinteresses" SCHNEIDER , Aspekte, S. 114 ff. und S. 122 f.; darstellend: MERKEL, Forschungsobjekt Embryo, S. 161

[378] MERKEL, Forschungsobjekt Embryo, S. 162 ff.

[379] so wohl auch: MERKEL, Forschungsobjekt Embryo, S. 177 f.

[380] SCHNEIDER, Aspekte, S. 119 ff.

[381] vgl. MERKEL, Forschungsobjekt Embryo, S. 179 f.

[382] vgl. MERKEL, a.a.o. (Fn. 381)

[383] SCHNEIDER, Aspekte, S. 120

die genetische Individualisierung nach Beendung der Möglichkeit zur Mehrlingsbildung zu verstehen ist. Allerdings wird daran kritisiert, daß eine numerische Identität vor Verlust der Möglichkeit zur Zwillingsbildung noch gar nicht festgestellt werden könne; weiter könne nur auf solche Merkmale abgestellt werden, welche - anders als z.B. die DNS - auch moralisch bedeutsam seien[384].
In Ermangelung der Existenz solcher Merkmale vermag daher auch das Identitätsargument die Begründung eines genuinen subjektiven Lebensrechts des Embryos nicht zu leisten.
Kann keines der Argumente für sich allein ein Lebensrecht des Embryos begründen, so stellt sich die Frage, ob sie alle zusammengenommen dies bewirken können.

5. Kombinierter Ansatz

Als kombinierten Ansatz können all jene Auffassungen bezeichnet werden, welche Spezies-, Potentialitäts- und Identitätsargument in der Weise verknüpfen. So sei der Embryo deshalb schützenswert, weil er ein individualisiertes, mit sich identisches Wesen darstelle, welches das Potential von moralischen Schutzansprüchen in sich trage[385].
Es stellt sich aber die Frage, ob dies ausreicht, um ein subjektives Lebensrecht des Embryos herzuleiten. Denn auch bei einer Verknüpfung aller Argumentationsansätze lasse sich doch nur ein Erhaltungsgebot, nicht jedoch ein Verletzungsverbot begründen, da auch dann kein eigenes Nichtverletzungsinteresse des Embryos ersichtlich sei, mithin nur eine Solidaritätspflicht gefordert werde[386]. Dies ließe sich wiederum an einem Beispiel veranschaulichen: Stünde nach einer vollzogenen PID fest, daß der Embryo aufgrund einer genetischen Fehlbildung nur vier bis fünf Wochen im Uterus überlebensfähig wäre, und würde man ihm darüber hinaus ein subjektives Lebensrecht zuerkennen, dann handelte es sich hierbei gerade nicht um eine vernachlässigbare Zeitspanne, wie dies etwa auch bei todkranken Patientin mit einer ebenso hohen Lebenserwartung der Fall sei, dennoch würden derart fehlgebildete Embryos nicht transferiert[387].
Daran zeigt sich deutlich, daß auch durch einen kombinierten Ansatz ein subjektives Lebensrecht, aus welchem ein Verletzungsverbot erwächst, nicht begründet werden kann[388].

6. Normenschutzerwägungen

Zur Verstärkung des kombinierten Ansatzes werden schließlich noch allgemeine Überlegungen zum Normenschutz herangezogen. Bei Unsicherheit darüber, wann

384 vgl. MERKEL, Forschungsobjekt Embryo, S. 179
385 SCHNEIDER, Aspekte, S. 122 f.
386 MERKEL, Forschungsobjekt Embryo, S. 184
387 MERKEL, Forschungsobjekt Embryo, S. 185
388 MERKEL, Forschungsobjekt Embryo, S. 186

ein grundrechtlicher Lebensschutz einzusetzen habe, sei, um mögliche Verletzungen zu vermeiden, daher im Zweifel zwischen verschiedenen Ansätzen der weiteste zu wählen[389].

Weiter zeige die Entwicklung im Bereich von Grund- und Menschenrechten, daß hier eine immer weitergehende Ausweitung der Wirkungsbereiche dieser Rechte festzustellen sei.[390]
Aber auch diese Auffassung muß sich den Einwand gefallen lassen, daß sich hieraus die Zuschreibung eines subjektiven Lebensrechts nicht spezifisch begründen läßt. Durch die Zuschreibung eines solchen und einem anschließenden Unterlaufen ebendieses Rechts würde die Glaubwürdigkeit, Dignität, Integrität und schließlich die Geltungskraft der fundamentalen Grundnormen unterlaufen und Grundrechtsträger minderen Ranges eingeführt[391]. Aus Normenschutzerwägungen ergäbe sich jedoch gerade auch, diese fundamentale Prinzipien gegen die Beeinträchtigung durch offene Inkonsistenzen zu schützen[392].
Man könne dem frühen Embryo nicht zuerst großzügig subjektive Rechte gewähren, nur um dann die daraus entstehenden Konsequenzen in Konfliktsituationen „durch eine Hintertür“ zu umgehen; exemplarisches Beispiel dafür sei die Diskussion zum Schwangerschaftsabbruch[393]. Normenschutz heißt eben auch, die Geltungskraft einer Norm nicht dadurch zu schwächen, daß man ihre Glaubwürdigkeit durch das Gewähren inkonsequenter Ausnahmen untergräbt[394].

Der Auffassung Merkels ist zuzustimmen, in der Tat vermögen auch die Vertreter einer tutoristischen Lösung nicht zu erklären, warum die zutreffenderweise im Zweifelsfall geforderte Erweiterung des Rechtsschutzes sich ausgerechnet in einem subjektiven Recht manifestieren sollte.

7. Stellungnahme

Es hat sich gezeigt, daß sich ein subjektives, vorgeburtliches Lebensrecht des Embryos nicht begründen läßt. Wohl aber besteht aus ethischer Sicht ein objektiver Schutz des Embryos bereits in seinen frühesten Entwicklungsstadien, für den es eine rechtliche Entsprechung geben muß. Daher sollen nun die Ausprägungen dieser Entsprechungen umrissen werden.

Im Vordergrund steht hier zunächst das Verbot eines willkürlichen Umgangs mit dem Embryo als lebendes Wesen. Dies kann sich in verschiedenen Formen zeigen, nachfolgend seien die dringlichsten Punkte genannt:

---

389 SCHNEIDER, Aspekte, S. 121 f.
390 SCHNEIDER, Aspekte, S. 122 unter Verweis auf: V.D.PFORDTEN, ARSP 90, S. 69 (73 f.)
391 MERKEL, Forschungsobjekt Embryo, S. 187
392 MERKEL, a.a.O. (Fn. 391)
393 MERKEL, a.a.O. (Fn. 391)
394 so wohl auch MERKEL, a.a.O. (Fn. 391)

Es ist dafür Sorge zu tragen, daß im Falle einer IVF nur so viele Embryonen erzeugt werden, wie nötig ist, um die Herbeiführung einer Schwangerschaft zu gewährleisten, ohne jedoch die weitere Entwicklung des ausgewählten Embryos noch die Schwangere selbst in ihrer Gesundheit über das notwendige Maß hinaus zu beeinträchtigen. Hier sei vor allem die Vermeidung von Mehrlingsschwangerschaften genannt, welche durch die Auswahl eines geeigneten Embryos aus einer größeren Anzahl durch Transfer nur eines Embryos vermieden werden könnten[395]. Für die PID würde dies die Erzeugung einer größeren Anzahl an Embryonen bedeuten, als bisher im Rahmen einer IVF vorgesehen.
Ebenfalls zu beachten sind die Gefahren, welche aus Diagnosefehlern bei der PID drohen[396]. Da ein die PID durchführender Arzt möglicherweise haftbar gemacht werden könnte, wenn er einen Embryo transferiert, der dennoch Träger einer schweren Krankheit oder Behinderung ist, besteht die Gefahr, daß, sofern eine durchgeführten Diagnose nicht eindeutige Ergebnisse geliefert hat, der Arzt den Embryo im Zweifel verwirft. Folglich kommen zur Durchführung einer PID nur Diagnosemaßnahmen in Betracht, welche ein größtmögliches Maß an Zuverlässigkeit versprechen.
Schließlich ist darauf zu achten, daß eine PID nur in solchen Fällen zur Anwendung kommt, in denen schwerwiegende Konflikte für die Betroffenen drohen, um Fälle einer Selektion nach anderen als medizinischen Maßstäben, etwa nach so willkürlichen Attributen wie Haar- oder Augenfarbe zu verhindern[397]. Welche Fälle als schwerwiegend anzusehen sind, muß für den Einzelfall bestimmt werden, Anhaltspunkt hierfür dürfte vornehmlich die drohende gesundheitliche Beeinträchtigung der Eltern (psychischer und physischer Natur) sein. Um den aufgezeigten Konsistenzerwägungen gerecht zu werden und die dargestellten Wertungswidersprüche zu vermeiden, liegt es nahe, eine Regelung der PID an den Bestimmungen zum Schwangerschaftsabbruch auszurichten.

B. Förderung der Akzeptanz behinderter Menschen

Um dem objektiven Wertegehalt von Art. 3 III S. 2 GG zu genügen, ist es weiterhin erforderlich, auf eine zu sehr konkretisierende Regelung zu verzichten. Um die Interessen behinderter Menschen zu schützen und eine negative Beeinträchtigung ihrer gesellschaftlichen Akzeptanz zu verhindern, ist es unerläßlich, daß der Gesetzgeber auf eine Regelung hinwirkt, welche die Individualität der Entscheidung jedes PID- Falles unterstreicht.

---

[395] vgl. FROMMEL, Reproduktionsmedizin, S. 158 (158 f.)
[396] vgl. zur Gefahr der Fehldiagnose: BÖCKENFÖRDE-WUNDERLICH, Rechtsproblem, S. 27
[397] vgl. HUFEN, MedR 01, 440 (449); skeptisch bezüglich der diesbezüglichen Möglichkeiten der PID BÖCKENFÖRDE-WUNDERLICH, Rechtsproblem, S. 30

Einerseits ist daher von der Schaffung eines Indikationskataloges in jeglicher Form oder der Nennung von Beispielen abzusehen[398]. Vielmehr muß ein an die zum Schwangerschaftsabbruch bestehende Beratungslösung anknüpfendes Konzept entwickelt werden, welches den betroffenen Paaren eine umfassende, neutrale Aufklärung über Folgen und Risiken gewährt und eine verantwortungsvolle Entscheidung der zukünftigen Eltern für oder gegen ein behindertes Kind im Rahmen ihrer persönlichen Fähigkeiten ermöglicht.

Andererseits muß es Aufgabe des Staates sein, durch eine gezielte Informationspolitik gerade diesen Aspekt der Zulassung einer PID auch gesellschaftlich zu vermitteln. Insbesondere dem Fehlschluß von der Erlaubnis einer PID auf deren Behinderten diskriminierenden Charakter muß vorgebeugt werden. Um einen gesellschaftlichen Konsens zu erhalten, ist es daher auch erforderlich, wiederholt zu betonen, daß eine Entscheidung im Rahmen einer PID immer eine individuelle ist, in der das Unvermögen der Eltern zum Ausdruck kommt, die erhöhte moralische und soziale Verantwortung, die mit einem behinderten oder schwerkranken Kind verbunden ist, zu tragen. Mehr noch, daß ähnlich wie im Fall des Schwangerschaftsabbruchs eine Lösung nicht auf dem Rücken der betroffenen Risikopaare ausgetragen werden kann.

Schließlich ist es erforderlich, daß diese Wertungen bereits in der gesetzlichen Formulierung der Legalisierung der PID zum Ausdruck kommen.

C. Schutz der genetischen Informationen des Einzelnen

Als objektiven Wertgehalt des Rechts auf informationelle Selbstbestimmung darf der Schutz vor Mißbrauch auch jener genetischen Informationen, welche noch keinem Grundrechtsträger zugeordnet sind, angesehen werden[399].
Dafür ist es zunächst unentbehrlich, klare Einschränkungen des Erhebungsumfangs bestimmter Daten zu schaffen. Informationen, welche aus medizinischer Sicht für die Entscheidung bezüglich des Transfers bei der PID unerheblich sind, müssen daher von der Erfassung von vorneherein ausgeschlossen werden.
Weiter müssen für solche Daten, deren Erhebung zur Entscheidung über den Transfer unentbehrlich ist, Verwertungsverbote erlassen werden, die sicherstellen, daß die gewonnenen Informationen nicht durch Dritte mißbraucht werden. Hierbei ist etwa an Versicherungsgesellschaften zu denken, welche Leistungen oder Vertragsabschlüsse auf Basis solcher gewonnener Informationen möglicherweise verweigern könnten. Dies wäre zu unterbinden. Aber auch Behörden dürften diese Informationen nur begrenzt zugänglich gemacht werden. Um dies zu erreichen, ist auch eine deutliche Abgrenzung zwischen familiärer und öffentlicher Sphäre denkbar.

---

[398] so auch: DIJE, PID aus rechtlicher Sicht, S. 93
[399] vgl. dazu: BVerfGE 100, 313 (381); MURSWIEK, in: SACHS, Art. 2, Rn. 73

Am Beispiel PID zeigt sich, daß die Daten des Embryos eng mit dem persönlichen Lebensbereich und den Belangen der Eltern verknüpft sind, was zu berücksichtigen ist.

D. Bewahrung des menschenwürdebezogenen gesellschaftlichen Selbstbildnisses

Auch die Frage nach der Anerkennung eines Menschenwürdeschutzes für den frühen Embryo erfordert die Berücksichtigung philosophischer und ethischer Überlegungen.

Ebenso wie beim objektiven Lebensschutz handelt es sich hierbei um eine Solidaritätspflicht, die Argumentationskette verläuft entsprechend gleich. Darüber hinaus wird noch an einer weiteren Besonderheit des Menschenwürdeprinzips deutlich, daß der Embryo nicht Träger eines subjektiven Rechts sein kann:

Zur Feststellung eines Verstoßes gegen das Menschenwürdeprinzip wird regelmäßig die Objektformel herangezogen, nach welcher ein Würdeverstoß vor allem dann vorliege, wenn ein Mensch zum bloßen Objekt des Staates degradiert werde. Hiergegen wird treffend eingewandt, daß nur wer als Subjekt behandelt werden kann, auch zum Objekt staatlichen Handelns degradiert werden könne, denn die Anwendung dieser Formel setzte doch gerade die personale Existenz dieses Menschen voraus[400].

Ebenso wie dem objektiv-rechtlichen Schutz des Lebens so ist auch dem des menschenwürdebezogenen Menschenbildes bei einer Legalisierung der PID Rechnung zu tragen.

Zunächst muß jeglicher Umgang ausgeschlossen werden, der auf einen gewinnorientierten Handel mit Embryonen abzielt[401].

Schließlich ist auch hier darauf zu achten, daß eine PID auf Situationen und Anwendungen, in denen schwerwiegende Konflikte für die Betroffenen drohen, beschränkt bleiben muß, um einer Selektion nach anderen als medizinischen Maßstäben vorzubeugen[402]. An diesem Punkt zeigt sich auch, daß die Grenzen zwischen objektivem Schutz des Menschenbildes und Lebensschutz fließend sind – in einer sinnlosen Vernichtung des Lebens des Embryos kann auch eine Beeinträchtigung des von der Menschenwürde ausstrahlenden objektiven Schutzes des Menschenbildes liegen.

Weitere Zwecksetzungen sind das Verbot jeglicher als frivol oder sinnlos anzusehender Experimente am Embryo, welche nicht mit einer Tötung verbunden sind, etwa die Chimärenbildung oder das reproduktive Klonen. Jedoch sei an dieser Stelle zu beachten, daß der Schutz eines objektiven Rechtsguts ein Schutz von Prinzipien ist: als solcher läuft er Gefahr, zu einem Schutz von Ideologien auszuarten[403].

---

[400] NEUMANN, in: KLUG/KRIELE, S. 139 (149)
[401] vgl. MERKEL, Forschungsobjekt Embryo, S. 188
[402] vgl. o. 4. Teil: A. II. 7.
[403] NEUMANN, in: KLUG/KRIELE, S. 139 (145)

Daher ist bei der Feststellung dessen, was als frivol und sinnlos anzusehen sei, immer eine möglichst neutrale und restriktive Auslegung vorzunehmen.

5. Teil: Abschließende Betrachtung

A. Zusammenfassung der Ergebnisse

I. Bewertung de lege lata

1. Strafrechtliche Bewertung der PID

a. PID an totipotenten Zellen

Die Durchführung einer PID wird vom ESchG erfaßt. Hierbei ist die PID an totipotenten Zellen nach den §§ 2 I 4. Alt. sowie 6 I ESchG als strafbar anzusehen.

b. PID an pluripotenten Zellen

Bezüglich der PID an pluripotenten Zellen ist zu unterscheiden:

i. Verstoß gegen § 1 I Nr. 2 ESchG

Ein Verstoß gegen § 1 I Nr. 2 ESchG scheidet im Regelfall der PID aus, da der durchführende Arzt mit der geforderten besonderen Absicht der Herbeiführung einer Schwangerschaft handelt. Dies ergibt sich aus der Zusammenschau von Versuchs- und Vorsatzdogmatik des allgemeinen Teils sowie teleologischer Auslegung der Norm:
Der Absichtsbegriff in § 1 I Nr. 2 ESchG ist mit dem allgemeinen strafrechtlichen Absichtsbegriff übereinstimmend und daher auch in gleicher Weise zu ermitteln. Sinn und Zweck von § 1 I Nr. 2 ESchG ist die Verhinderung eines Mißbrauchs von Embryonen zu Forschungszwecken sowie die der gespaltenen Mutterschaft.

ii. Verstoß gegen § 1 I Nr. 5 ESchG

Im Fall der Erzeugung von überzähligen Embryonen liegt ein Verstoß gegen § 1 I Nr. 5 ESchG vor.

iii. Verstoß gegen § 2 I 4. Alt. ESchG

Eine Strafbarkeit nach § 2 I 4. Alt. ESchG ergibt sich für die Entnahme einer pluripotenten Zelle sowie aus dem Verwerfen des Embryos nach der Biopsie. Dies ergibt sich aus einer grammatikalischen und teleologischen Auslegung von § 2 I 4. Alt. ESchG, welcher jeglichen Mißbrauch an und mit dem Embryo ausschließen soll und nach seinem Wortsinn auch nur diese weite Auslegung zuläßt.

Eine Unterlassensstrafbarkeit durch Stehenlassen des Embryos setzt zunächst eine Garantenstellung des Arztes voraus, welche einerseits aufgrund des Behandlungsvertrages, andererseits durch die Erzeugung des Embryos wegen Ingerenz vorliegt. Aufgrund des Selbstbestimmungsrechts des Patienten könnte eine Unterlassensstrafbarkeit des Arztes an der (rechtlichen) Unmöglichkeit normgemäßen Verhaltens scheitern.
Da der Arzt bei einer PID regelmäßig weiß, daß die Patientin den Transfer im Falle eines positiven Befundes verweigern wird, könnte nach den Grundsätzen der omissio libera in causa eine Zurechnung der Herbeiführung der Unzumutbarkeit der Transferhandlung erfolgen. Diese Rechtsfigur ist jedoch vor allem wegen ihrer Unvereinbarkeit mit Art. 103 II GG abzulehnen. Somit liegt keine Strafbarkeit durch Unterlassen für das Stehenlassen- und Absterbenlassen des Embryos vor.

c. Konsequenz der Strafbarkeitsprüfung

Aus den strafrechtlichen Bewertungen ergibt sich ein völliges Verbot der PID durch das ESchG.

2. Verfassungsrechtliche Bewertung der PID

Die verfassungsrechtliche Bewertung erfolgt aus Sicht der vom in Teil 1 festgestellten Verbot der PID betroffenen Paare. Ein solches Verbot stellt eine Beeinträchtigung hauptsächlich der Rechte der Mutter, teilweise auch der Eltern, aus Art. 2 I S. 2, 6 I und 2 I i.V.m. Art. 1 I GG dar. Als verfassungsrechtliche Rechtfertigung wurden das ESchG sowie mögliche Grundrechtspositionen des Embryos aus Art. 2 I S. 2, 1 I, 3 III S. 2 und 2 I i.V.m. Art. 1 I GG geprüft. Dabei wurde festgestellt, daß als Folge einer konsequenten Auslegung der Urteile des BVerfG zum Schwangerschaftsabbruch der frühe Embryo nicht Träger eines subjektiven Rechts auf Leben ist. Auch in bezug auf die übrigen Grundrechte ließ sich keine subjektive Trägerschaft des Embryos feststellen, so daß auf die objektiv-rechtlichen Gehalte der genannten Grundrechte zurückgegriffen wurde. Diese vermochten jedoch auch keine verfassungsrechtliche Rechtfertigung eines absoluten Verbotes der PID zu begründen.
Damit läßt sich festhalten, daß das vollständige Verbot der PID einen Verstoß gegen die Grundrechte potentieller PID- Patientinnen darstellt.

II. Bewertung de lege ferenda

Bei der Einführung einer Regelung zur PID sind die verschiedenen objektivrechtlichen Grundrechtspositionen, aber ebenso die Rechte der zukünftigen Mutter bzw. der Paare zu beachten.
Zwar ist ein umfassendes Verbot der PID nicht verfassungsrechtlich gerechtfertigt, doch sind Einschränkungen zur Verhinderung von Mißbrauch zulässig, auch mit strafrechtlichen Mitteln.

Insbesondere ist bei der Erlaubnis der PID der individuelle Charakter einer Entscheidung des betroffenen Paares zu berücksichtigen und dessen herausragende Bedeutung zu betonen. Im Interesse der Förderung der Akzeptanz behinderter Menschen ist eine Lösung ohne Indikationskatalog zu wählen und weiter herauszustellen, daß eine Erlaubnis der PID vor allem durch die Unzumutbarkeit der zu erwartenden Belastungen für die betroffenen Paare bedingt ist. Um diese Werturteile gesellschaftlich möglichst transparent zu gestalten, empfiehlt sich eine Beratungslösung, angelehnt an die Regelung zum Schwangerschaftsabbruch.

B. Schlußwort

Entscheidend für eine weitere Bewertung der PID ist die Einschätzung der verschiedenen Rechtspositionen der Betroffenen. Entgegen den zahlreichen Feststellungen, daß auch der frühe Embryo Träger eines Rechts auf Leben und der Menschenwürde sei, ist dies verfassungsrechtlich nicht widerspruchsfrei vertretbar, will man nicht auf einen metaphysischen Begründungsansatz zurückgreifen.

Weiter sei angemerkt, daß sich an dieser verfassungsrechtlichen Situation wahrscheinlich auch in absehbarer Zeit nichts ändern wird, da momentan weder politische noch juristische Bestrebungen dahingehend ersichtlich sind:

Nur eine eindeutige (und den bisherigen Aussagen widersprechende) Stellungnahme des Bundesverfassungsgerichts hinsichtlich der Bedeutung von Art. 2 I GG könnte die im 3. Teil festgestellte Derogation des subjektiven Lebensrechts des Embryos ihrerseits derogieren. Ob und zu welchem Anlaß ein solches Votum erteilt werden sollte, bleibt abzuwarten, insbesondere da bisher keine Bemühungen ersichtlich sind, die Problematik um § 218 StGB erneut verfassungsgerichtlich überprüfen zu lassen.

Solange diese Situation andauert, ist der Gesetzgeber angehalten, das im ESchG verankerte Verbot der PID aufzuheben und eine Regelung zu finden, welche den wünschenswerten und notwendigen gesellschaftlichen Konsens herbeizuführen vermag. Dabei ist es im Interesse aller Beteiligten, daß man im Rahmen einer solchen Neubewertung über gesellschaftliche und politische Allgemeininteressen nicht den Blick verliert für schwerwiegende Beeinträchtigungen individueler Mitglieder der Gesellschaft.

FRANKFURTER KRIMINALWISSENSCHAFTLICHE STUDIEN

Band 1 Peter Böning: Die Lehre vom Unrechtsbewußtsein in der Rechtsphilosophie Hegels 100 S., 1978.

Band 2 Wolfgang Schneider: Kriminelle Straßenverkehrsgefährdung (§ 315c Abs. 1 Ziff. 2, Abs. 3 StGB). Eine kriminologische und strafrechtliche Untersuchung zur Problematik dieser Verkehrsstraftaten unter Berücksichtigung ausländischer Rechte. 342 S., 1978.

Band 3 Lothar Kuhlen: Die Objektivität von Rechtsnormen. Zur Kritik des radikalen labeling approach in der Kriminalsoziologie. 178 S., 1978.

Band 4 Günther Grewe: Straßenverkehrsdelinquenz und Marginalität. Untersuchungen zur institutionellen Regelung von Verhalten. 148 S., 1978.

Band 5 Dieter Haberstroh: Strafverfahren und Resozialisierung. Eine Studie über Verstehen und Nicht-Verstehen, über Verstanden-Werden und Nicht-Verstanden-Werden und deren Bedingungen in der Hauptverhandlung. 202 S., 1979.

Band 6 Thomas Vogt: Die Forderungen der psychoanalytischen Schulrichtungen für die Interpretation der Merkmale der Schuldunfähigkeit und der verminderten Schuldfähigkeit (§§ 51 a.F., 20, 21 StGB). 182 S., 1979.

Band 7 Andreas Michael: Der Grundsatz in dubio pro reo im Strafverfahrensrecht. Zugleich ein Beitrag über das Verhältnis von materiellem Recht und Prozeßrecht. 214 S., 1981.

Band 8 Ilias G. Anagnostopoulos: Haftgründe der Tatschwere und der Wiederholungsgefahr (§§ 112 Abs. 3, 112 a StPO). Kriminalpolitische und rechtssystematische Aspekte der Ausweitung des Haftrechts. 1984.

Band 9 Helga Müller: Der Begriff der Generalprävention im 19. Jahrhundert. Von P.J.A. Feuerbach bis Franz v. Liszt. 1984.

Band 10 Frowin Jörg Kurth: Das Mitverschulden des Opfers beim Betrug. 1984.

Band 11 Martin J. Worms: Die Bekenntnisbeschimpfung im Sinne des § 166 Abs. 1 StGB und die Lehre vom Rechtsgut. 1984.

Band 12 Jong-Dae Bae: Der Grundsatz der Verhältnismäßigkeit im Maßregelrecht des StGB. 1985.

Band 13 Helmut Fünfsinn: Der Aufbau des fahrlässigen Verletzungsdelikts durch Unterlassen im Strafrecht. 1985.

Band 14 Christoph Krehl: Die Ermittlung der Tatsachengrundlage zur Bemessung der Tagessatzhöhe bei der Geldstrafe. 1985.

Band 15 Walter-Hermann Kiehl: Strafrechtliche Toleranz wechselseitiger Ehrverletzungen - Zur ratio legis der §§ 199, 233 Strafgesetzbuch -. 1986.

Band 16 Matthias Krahl: Die Rechtsprechung des Bundesverfassungsgerichts und des Bundesgerichtshof zum Bestimmtheitsgrundsatz im Strafrecht (Art. 103 Abs. 2 GG). 1986.

Band 17 Patrick Carroll Campbell: § 220a StGB. Der richtige Weg zur Verhütung und Bestrafung von Genozid? 1986.

Band 18 Winfried Hassemer (Hrsg.): Strafrechtspolitik. Bedingungen der Strafrechtsreform. 1987.

Band 19 Felix Herzog: Prävention des Unrechts oder Manifestation des Rechts. Bausteine zur Überwindung des heteronom-präventiven Denkens in der Strafrechtstheorie der Moderne. 1987.

Band 20 Astrid Michalke-Detmering: Die Mindestanforderungen an die rechtliche Begründung des erstinstanzlichen Strafurteils. Zur Auslegung des § 267 StPO. 1987.

Band 21 Lothar Kuhlen: Die Unterscheidung von vorsatzausschließendem und nichtvorsatzausschließendem Irrtum. 1987.

Band 22 Michael Buttel: Kritik der Figur des Aufklärungsgehilfen im Betäubungsmittelstrafrecht (§ 31 BtMG). 1988.

Band 23 Matthias Kögler: Die zeitliche Unbestimmtheit freiheitsentziehender Sanktionen des Strafrechts. Eine vergleichende Untersuchung zur Rechtslage und Strafvollstreckungspraxis in der Bundesrepublik Deutschland und den USA. 1988.

Band 24 Klaus Lüderssen/Cornelius Nestler-Tremel/Ewa Weigend(Hrsg.): Modernes Strafrecht und ultima-ratio-Prinzip. 1990.

Band 25 Jürgen Taschke: Die behördliche Zurückhaltung von Beweismitteln im Strafprozeß. 1989.

Band 26 Daniela Westphalen: Karl Binding (1841-1920). Materialien zur Biographie eines Strafrechtsgelehrten. 1989.

Band 27 Sigrid Jans: Die Aushöhlung des Klageerzwingungsverfahrens. 1990.

Band 28 Dimitris Spirakos: Folter als Problem des Strafrechts. Kriminologische, kriminalsoziologische und (straf-)rechtsdogmatische Aspekte unter besonderer Berücksichtigung der Folterschutzkonvention und der Pönalisierung der Folter in Griechenland. 1990.

Band 29 Stephan Moll: Strafrechtliche Aspekte der Behandlung Opiatabhängiger mit Methadon und Codein. 1990.

Band 30 Stefan Werner: Wirtschaftsordnung und Wirtschaftsstrafrecht im Nationalsozialismus. 1991.

Band 31 Xanthi Bassakou: Beiträge zur Analyse und Reform des Absehens von Strafe nach § 60 StGB. 1991.

Band 32 Rainer Runte: Die Veränderung von Rechtfertigungsgründen durch Rechtsprechung und Lehre. Moderne Strafrechtsdogmatik zwischen Rechtsstaatsprinzip und Kriminalpolitik. 1991.

Band 33 Olaf Hohmann: Das Rechtsgut der Umweltdelikte. Grenzen des strafrechtlichen Umweltschutzes. 1991.

Band 34 Klaus Jochen Müller: Das Strafbefehlsverfahren (§§ 407 ff. StPO). Eine dogmatisch-kriminalpolitische Studie zu dieser Form des schriftlichen Verfahrens unter besonderer Berücksichtigung der geschichtlichen Entwicklung – zugleich ein Beitrag zum StVÄG 1987. 1993

Band 35 Sang-Don Yi: Wortlautgrenze, Intersubjektivität und Kontexteinbettung. Das strafrechtliche Analogieverbot. 1991.

Band 36 Birgit Malsack: Die Stellung der Verteidigung im reformierten Strafprozeß. Eine rechtshistorische Studie anhand der Schriften von C. J. A. Mittermaier. 1992.

Band 37 Rüdiger Schäfer: Die Privilegierung des "freiwillig-positiven" Verhaltens des Delinquenten nach formell vollendeter Straftat. Zugleich ein Beitrag zum Grundgedanken des Rücktritts vom Versuch und zu den Straftheorien. 1992.

Band 38 Cornelius Nestler-Tremel: AIDS und Strafzumessung. 1992.

Band 39 Christine Gutmann: Freiwilligkeit und (Sozio-)Therapie – notwendige Verknüpfung oder Widerspruch? 1993.

Band 40 Walter Kargl: Der strafrechtliche Vorsatz auf der Basis der kognitiven Handlungstheorie. 1993.

Band 41 Jürgen Rath: Zur strafrechtlichen Behandlung der aberratio ictus und des error in objecto des Täters. 1993.

Band 42 Martin Fischer: Wille und Wirksamkeit. Eine Untersuchung zum Problem des *dolus alternativus*. 1993.

Band 43 Regina Harzer: Der Naturzustand als Denkfigur moderner praktischer Vernunft. Zugleich ein Beitrag zur Staats- und Rechtsphilosophie von Hobbes und Kant. 1994.

Band 44 Helmut Pollähne: Lockerungen im Maßregelvollzug. Eine Untersuchung am Beispiel der Anwendung des nordrhein-westfälischen Maßregelvollzugsgesetzes im Westfälischen Zentrum für Forensische Psychiatrie (Lippstadt). 1994.

Band 45 Hans-Joachim Leonhardt: Rechtsmittelermessen der Staatsanwaltschaft. Eine Gegenüberstellung von § 296 StPO mit Nummern 147 und 148 Richtlinien für das Strafverfahren und das Bußgeldverfahren (RiStBV). 1994.

Band 46 Rolf Grünebaum: Zur Strafbarkeit des Therapeuten im Maßregelvollzug bei fehlgeschlagenen Lockerungen. 1996.

Band 47 Barbara Bialas: Promille-Grenzen, Vorsatz und Fahrlässigkeit. 1996.

Band 48 Christine Pott: Die Außerkraftsetzung der Legalität durch das Opportunitätsdenken in den Vorschriften der §§ 154, 154a StPO. Zugleich ein Beitrag zu einer kritischen Strafverfahrensrechtstheorie. 1996.

Band 49 Wolfgang Köberer: *Iudex non calculat.* Über die Unmöglichkeit, Strafzumessung sozialwissenschaftlich-mathematisch zu rationalisieren. 1996.

Band 50 Institut für Kriminalwissenschaften Frankfurt a.M. (Hrsg.): Vom unmöglichen Zustand des Strafrechts. 1995.

Band 51 Petra Kamberger: Treu und Glauben (§ 242 BGB) als Garantenstellung im Strafrecht? 1996.

Band 52 Anastassios Triantafyllou: Das Delikt der gefährlichen Körperverletzung (§ 223a StGB) als Gefährdungsdelikt. (Zugleich ein Beitrag zur Dogmatik der Gefährdungsdelikte). 1996.

Band 53 Norbert Kissel: Aufrufe zum Ungehorsam und § 111 StGB. Grundrechtlicher Einfluß bei der Feststellung strafbaren Unrechts. 1996.

Band 54 Susanne Ehret: Franz von Liszt und das Gesetzlichkeitsprinzip. Zugleich ein Beitrag wider die Gleichsetzung von Magna-charta-Formel und Nullum-crimen-Grundsatz. 1996.

Band 55 Stefan Braum: Geschichte der Revision im Strafverfahren von 1877 bis zur Gegenwart. Zugleich eine Kritik der Kontinuität politischer Macht im Recht. 1996.

Band 56 Katja Diel: Das Regreßverbot als allgemeine Tatbestandsgrenze im Strafrecht. 1997.

Band 57 Christoph Koller: Die Staatsanwaltschaft – Organ der Judikative oder Exekutivbehörde? Die Stellung der Anklagebehörde und die Gewaltenteilung des Grundgesetzes. 1997.

Band 58 Frank Schößler: Anerkennung und Beleidigung. Rechtsgut und Strafzweck des § 185 StGB. 1997.

Band 59 Regina Engelstädter: Der Begriff des Unfallbeteiligten in § 142 Abs. 4 StGB. Zugleich eine Kritik an aktuellen Zurechnungslehren. 1997.

Band 60 Jörg Reinhardt: Der Ausschluß und die Ablehnung des befangen erscheinenden Staatsanwaltes. 1997.

Band 61 Jens Christian Müller-Tuckfeld: Integrationsprävention. Studien zu einer Theorie der gesellschaftlichen Funktion des Strafrechts. 1998.

Band 62 Peter Maria Rohe: Verdeckte Informationsgewinnung mit technischen Hilfsmitteln zur Bekämpfung der Organisierten Kriminalität. Zugleich eine rechtsvergleichende Analyse der polizeilichen Abhörbefugnisse in den U.S.A. 1998.

Band 63 Dirk Fabricius: Was ein Lehrbuch lehrt ... Eine exemplarische Untersuchung von Jakobs *Strafrecht – Allgemeiner Teil*. 1998.

Band 64 Stefan Sinner: Der Vertragsgedanke im Strafprozeßrecht. 1999.

Band 65 Sebastian Schattenfroh: Die Staatsphilosophie Giovanni Gentiles und die Versuche ihrer Verwirklichung im faschistischen Italien. 1999.

Band 66 Athanassia Dionyssopoulou: Der Tatbestand der Geldwäsche. Eine Analyse der dogmatischen Grundlagen des § 261 StGB. 1999.

Band 67 Klaus von Lampe: *Organized Crime*. Begriff und Theorie organisierter Kriminalität in den USA. 1999.

Band 68 Christian Hanssen: "Trennung der Märkte". Rechtsdogmatische und rechtspolitische Probleme einer Liberalisierung des Drogenstrafrechts. 1999.

Band 69 Institut für Kriminalwissenschaften und Rechtsphilosophie Frankfurt a.M. (Hrsg.): Irrwege der Strafgesetzgebung. 1999.

Band 70 Konstantinos Chatzikostas: Die Disponibilität des Rechtsgutes Leben in ihrer Bedeutung für die Probleme von Suizid und Euthanasie. 2000.

Band 71 Bettina Wirmer-Donos: Die Strafrechtstheorie Karl Christian Friedrich Krauses als theoretische Grundlage des spanischen Korrektionalismus. 2001.

Band 72 Christine Löw: Die Erkundigungspflicht beim Verbotsirrtum nach § 17 StGB. 2001.

Band 73 Florian Ufer: Der Verwertungswiderspruch in Theorie und Praxis. Prozessuale Obliegenheiten des Verteidigers und ihre Bedeutung für die Rechtsposition des Beschuldigten. 2002.

Band 74 Katja Melzer: Psychisch kranke Straftäterinnen. Frauen im Maßregelvollzug. 2001.

Band 75 Gregor Kuntze-Kaufhold: Lebenswelt und Unparteilichkeit. Kriterien für eine Rechtsanwendungslehre am Beispiel der Analyse von fünf Hauptverhandlungen in Strafverfahren. 2002.

Band 76 Iris Kristina Passek: Die erstinstanzliche Zuständigkeit der Oberlandesgerichte in Staatsschutzstrafsachen. Historische Entwicklung und aktuelle Probleme. 2002.

Band 77 Michael Krebs: Die Weisungsgebundenheit des Staatsanwalts unter besonderer Berücksichtigung des rechtstatsächlichen Aspekts. 2002.

Band 78 Kerstin Degenhardt: Europol und Strafprozeß. Die Europäisierung des Ermittlungsverfahrens. 2003.

Band 79 Domenico Siciliano: Das Leben des fliehenden Diebes: Ein strafrechtliches Politikum. 2003.

Band 80 Marc Colussi: Produzentenkriminalität und strafrechtliche Verantwortung. 2003.

Band 81 Thilo Lars Hild: Grenzen einer strafrechtlichen Regulierung des Kapitalmarktes. Eine kriminalrechtliche Untersuchung von Börsengängen und Aktienhandel in Deutschland und den USA. 2004.

Band 82 Philipp Rau: Schweigen als Indiz der Schuld. Ein Vergleich des deutschen und englischen Rechts zur Würdigung des Schweigens des Beschuldigten. 2004.

Band 83 Alexandra Pfeiffer: Die Regelung der Lebendorganspende im Transplantationsgesetz. 2004.

Band 84 Elena Fischer: Recht auf Sterben?! Ein Beitrag zur Reformdiskussion der Sterbehilfe in Deutschland unter besonderer Berücksichtigung der Frage nach der Übertragbarkeit des Holländischen Modells der Sterbehilfe in das deutsche Recht. 2004.

Band 85 Jörg Ziethen: Grundlagen probabilistischer Zurechnung im Strafrecht. 2004.

Band 86 Stefanie Schork: Ausgesprochen schuldig. Dogmatische und metadogmatische Untersuchungen zum Schuldspruch. 2005.

Band 87 Claudia Schubert: Verbotene Worte? Versuch einer Neubestimmung im Umgang mit rassistischen Äußerungen jenseits des Strafrechts. 2005.

Band 88 Ulfrid Neumann / Cornelius Prittwitz (Hrsg.): Kritik und Rechtfertigung des Strafrechts. 2005.

Band 89 Denis Basak: Die Zuständigkeitsregeln internationaler Strafgerichte und Art. 101 GG. Zum Verhältnis der deutschen Strafgerichtsbarkeit zu den Internationalen Tribunalen für Jugoslawien und Ruanda sowie zum Ständigen Internationalen Strafgerichtshof. 2005.

Band 90 Hsiao-Wen Wang: Der universale Strafanspruch des nationalen Staates. Eine Untersuchung über das Weltrechtsprinzip im Internationalen Strafrecht. 2005.

Band 91 Leonie Frenz: Faktizität des Rechts in der forensischen Psychiatrie. Eine Untersuchung im LKH Moringen. 2005.

Band 92 Eva-Maria Unger: Schutzlos ausgeliefert? Der Europäische Haftbefehl. Ein Beispiel für die Missachtung europäischer Bürgerrechte. 2005.

Band 93 Marcus Bastelberger: Die Legitimität des Strafrechts und der moralische Staat. Utilitaristische und retributivistische Strafrechtsbegründung und die rechtliche Verfassung der Freiheit. 2006.

Band 94 Marc Reiß: Rechtliche Aspekte der Präimplantationsdiagnostik. Unter besonderer Berücksichtigung der Rechte der von einem Verbot betroffenen Paare. 2006.

www.peterlang.de

Leonie Frenz

Faktizität des Rechts in der forensischen Psychiatrie

Eine Untersuchung im LKH Moringen

Frankfurt am Main, Berlin, Bern, Bruxelles, New York, Oxford, Wien, 2005.
207 S., 3 Abb., zahlr. Tab. und Graf.
Frankfurter kriminalwissenschaftliche Studien.
Verantwortlicher Herausgeber: Dirk Fabricius. Bd. 91
ISBN 3-631-54040-X · br. € 39.–*

Seit jeher lässt der Umgang mit psychisch kranken Straftätern Furcht, Ohnmacht und Hilflosigkeit erkennen. Zwar ließ sich bei den Maßregelvollzugsanstalten Deutschlands im Verlaufe der Zeit eine Entwicklung vom reinen Verwahrvollzug hin zum vergleichsweise fortgeschrittenen Behandlungsvollzug erkennen. Dennoch sind die Unterbringungsbedingungen auch heute noch weitreichend desolat. Es gibt aber auch andere Wege mit psychisch kranken Straftätern umzugehen. Das Niedersächsische Landeskrankenhaus in Moringen soll als Beispiel dienen, wie Maßregelvollzug auch vollzogen werden kann. Erst 1980 wurde unter neuer Leitung des Krankenhauses ein Konzept eingeführt, das dem gesetzlichen Auftrag des Maßregelvollzuges gerecht wird, nämlich Sicherheit der Bevölkerung durch Therapie der Straftäter. Die Untersuchung soll ein möglichst umfangreiches Bild über die Rechtswirklichkeit des Maßregelvollzuges aus Sicht der Eingewiesenen schaffen, wozu das Niedersächsische Landeskrankenhaus Moringen herangezogen wurde. Etwa ein Drittel der Patienten des Landeskrankenhauses Moringen wurden dazu aufgerufen, den Vollzug in der Klinik mit Hilfe eines Fragebogens differenziert zu bewerten.

Aus dem Inhalt: Das Niedersächsische Landeskrankenhaus Moringen und seine Rahmenbedingungen · Versorgungsgebiet · Personal · Medizinische Infrastruktur · Patienten · Therapiekonzept · Das Vorfeld der Patientenbefragung · Konstruktion des Fragebogens · Befragungsverfahren · Ergebnisse der Patientenbefragung · Zusammenfassung und kritische Bewertung der Ergebnisse

Printed by
CPI books GmbH, Leck

FSC
www.fsc.org
MIX
Papier | Fördert
gute Waldnutzung
FSC® C083411

Kolibri 360 GmbH
Ferdinand-Jühlke-Straße 7
99095 Erfurt, Deutschland
produktsicherheit@kolibri360.de